U0618057

世图心理

博客：http://blog.sina.com.cn/bjwpcpsy
微博：http://weibo.com/wpcpsy

觉知的力量

黄国峰 ♨ 著

世界图书出版公司

北京·广州·上海·西安

图书在版编目（CIP）数据

觉知的力量 / 黄国峰著. —北京：世界图书出版有限公司北京分公司，2022.7（2024.8重印
ISBN 978-7-5192-9615-5

Ⅰ.①觉… Ⅱ.①黄… Ⅲ.①心理学—研究 Ⅳ.①B84

中国版本图书馆CIP数据核字（2022）第099871号

书　　名	觉知的力量 JUEZHI DE LILIANG	
著　　者	黄国峰	
策划编辑	李晓庆	
责任编辑	詹燕徽	
出版发行	世界图书出版有限公司北京分公司	
地　　址	北京市东城区朝内大街137号	
邮　　编	100010	
电　　话	010-64038355（发行）　64037380（客服）　64033507（总编室）	
网　　址	http://www.wpcbj.com.cn	
邮　　箱	wpcbjst@vip.163.com	
销　　售	新华书店	
印　　刷	三河市国英印务有限公司	
开　　本	880mm×1230mm　1/32	
印　　张	7.5	
字　　数	130千字	
版　　次	2022年7月第1版	
印　　次	2024年8月第2次印刷	
国际书号	ISBN 978-7-5192-9615-5	
定　　价	59.00元	

目录

第二章　觉察，看到根本所在

结语

前言

在过去的日子里，你是否曾感到生活一直在重复？年纪越来越大，身体也越来越不中用，可我们的心智模式与生命状态仍然没有任何变化。日子重复过，问题重复出现。我们期待以后可以更好，生命可以再前进。但我们做了些什么？改变了些什么？

终其一生，我们一直在寻找"我们到底要如何才能够让生命不同且更好"的答案，并且希望活出最恢宏的生命版本。要提升自己的精神境界，我们就不可以再让过去等于现在，等于未来。

在这本书中，我希望借助一些古圣先贤的智慧让你的生命再前进。过去很多圣贤，不管来自东方还是西方，都有很多领悟。我们常常说，站在巨人的肩膀上才能看得更远、更宽广，但是首先你要能够爬上巨人的肩膀。中国这块古老的土地拥有上下五千年的文明积淀，诞生了很多圣贤，然而鲜有人能够萃取并吸收圣贤的智慧。我们学了很多现代科学知识，却不懂得如何待人处事。虽然我们可能能力很强、学历很高、技术很在行，但是品性并没有跟上来。所以尽管我们外在拥有很多，但是仍然有很多烦恼，内心觉得很空虚。

　　要想让未来更好，我们就不能继续活在惯性思维模式里，不能只是活出过去的生命状态。我们可以通过改变思想、言语、行动，成就一个不同且更好的自己；通过觉察、觉知、觉悟，达到更高的生命境界；通过接受更多元的心智教育，扩展格局与视野。走的路不同，遇到的景色就不同。心智模式不同，活出的人生也不同。一个更好的未来在等着我们。

　　谨以此书，献给所有愿意为活出最恢宏的生命版本而努力不懈的朋友。

第一章

『觉』处可以逢生

第一节

离开自己看自己

很多时候，你的付出已经得到了回馈，只是你视而不见，听而不闻。

人如果总觉得自己付出了很多、自己很伟大，他的"我"就会膨胀变大；他就会越来越自大，越来越不尊重别人、外物和环境。

当一个人的"我"很大时，他其实活得很小。

你一旦陷入这种局面，就应该尝试"跳出来看"，也就是离开自己看自己。

想象一下：如果你站在西藏无边无际的大草原上，仰望无量的繁星，会不会觉得当下的自己非常的渺小？

——想象也是一种智慧。

　　这时候你会不会问自己：我为何存在？我在做什么？

　　这时候你会自然而然地离开自己看自己——在一切的无边无际中看到自己的存在。

　　一旦你能够离开自己来看自己，就会得到一份启发。这样你就不会那么自大，那么傲慢，那么狂妄。

第二节

出离的智慧

我们应当换一个维度来看世界；应当出离自己来看人生，看自己现在过的日子，看自己在想什么。

出离是我们需要的能力和智慧。

我们往往生气而不自知，因此会继续生气。如果觉察到自己在生气，就比较容易平静下来。

正所谓"不识庐山真面目，只缘身在此山中"。当你陷入自己的情绪中，就看不到自己的情绪；当你在一种"境"里面出不来，就看不清楚这个"境"。

但是，当你看向别人的时候，就会比较淡定从容。这是因为你在"观"，带着一份觉察和觉知在解读。

当你在观情绪的时候，就觉察到了它；如果你去解读它，就不会再被它所影响。

　　当你去观、去觉察、去觉知的时候，你是站在外面的。如果你能像观他者一样观自己，就站到了自己的外面，也就做到了出离。

第三节

见无形、听无声、觉未显

细细想来，每天都有很多事情发生在我们身上，可是我们常常不会觉察到它们。这也就是说，我们缺乏觉察、觉知的能力。

很多东西本就存在，只是我们不能觉己、觉他、觉境，故没有将它们开发出来。

大家都听过牛顿和苹果的故事：有一天，牛顿坐在苹果树下，刚巧一颗苹果落下来砸到了他的头，牛顿受启发，发现了万有引力定律。万有引力一直就存在，然而牛顿之前的人都没有明确定义它；牛顿同时代的人也没有对苹果落地这种自然现象提出疑问。

很多人都看到过苹果落地，但是通常只是会想：苹果是酸的还是甜的？然后，把它捡起来吃掉。

人们一般都活在已知中，固守着自己内在的知识和思维。在大多数人的眼里苹果就是食物，于是人们看到苹果后开启的思维只会围绕着它的口感。心里想的可能是：它是酸的还是甜的，是脆的还是面的？是不是可以加点儿糖做成果酱？

可是牛顿的思维聚焦在苹果的属性以外，所以能够想到常人想不到的东西，悟出苹果落地这个现象背后的东西。他思考这个苹果为什么会落到地上，而不是飘向天空，是什么在吸引它落地。他具备别人所没有的能力，也就是见无形、听无声、觉未显。这是一种向外探索的能力。一个人如果具备这样的能力，那么对于他来说，即便是那些隐微或完全没有显现的事物，也能被察觉。

所谓听无声，就是听弦外之音。比如在一场讲座中，主讲人说了一句经验之谈。很多人听了这句话可能觉得是道理或者知识，赶紧把它记下来，全盘接受。可有些人却听出了这句话背后讲话人的层级、阅历、情绪，然后对这句话做出分析、评价。

每个人的一言一行背后都有无形的认知、目的，千变万化的表象背后有不变的规律、趋势。要想从有形看到无形，从变化中把握本质，就要转换自己的心智。

我们需要努力提升觉察、觉知的能力，让自己能够见无形、听无声、觉未显。

第四节

外在、内在、整体

人们觉知外在总是很容易，但是觉知内在却很难。也就是说，人们很难觉己。

打个比方：不管你是刚吃完饭，还是刚跑完步，或者刚睡醒——你感觉口渴，于是打开一瓶水，喝下一口。喝水是一种很平常的行为，你对此不会有什么特别的觉察。但是如果你没有把这口水咽进去，而是含在嘴里，然后再把水吐回杯子里面。试想一下，你看着这杯吐出来的水会不会觉得很恶心？

含在口中的水，一旦离开嘴巴，离开我们自己这个整体被排到外面就变成了外在，于是我们会产生很多想法。如果让我们再把它含入口中，相信大部分人都做不到。因为我们知道水里面含有口腔里的残渣、细菌，会觉得它恶心。原本并不觉得自己的口腔里不干净，但是借助外在，我们觉知了这个内在事实。

类似地，提起排泄物大家都要皱眉、掩鼻。人的身体里存有排泄物，但是我们并不会因此而觉得自己不干净，因为排泄物在没有被排出体外前和人是一个整体。

通过这样的例子我们可以悟出一些道理。没有绝对的脏和干净。一样东西是脏的还是干净的都来自个体的判断，来自个体的觉察和认知。

我们认为体内的东西和自己是一个整体，无论是脏还是净，都不会去有意识地觉知。可是体内的东西一旦离开我们的身体这一整体，我们就会对它产生想法。

第五节

借外观内，借事炼心

因为人们不知道自己的生命厚度如何，不知道自己的心胸格局如何，也不知道自己的生命有怎样的维度，所以常常需要从借由外在的人、事、物，来看见自己——也就是借外观内。

很多时候，虽然知道怎么做才对，但自己不一定能做到。我们虽然了解很多道理，但并不一定了解自己，不一定知道自己的内心。而我们遇到的人、事、物就像镜子，可以帮助我们看到自己的过去、自己的现在。

我们在借外观内时，也在借事炼心。

我们往往可以从别人身上——特别是自己的孩子身上看到自己的影子。有一天我看到儿子在指责他妹妹。我看到他的口气和样子，马上意识到，那不就是我指责他的样子吗？孩子很擅长模仿大人，他们就像一面镜子。所以做家长的应该特别留意孩子的言行举止，因为孩子的言行举止可能反映了家长的习性特点。

我们还可以从别人与自己的互动中了解自己为人处事的样子。为什么有的人遇到事情的时候总会有贵人相助？为什么有的人遇到事情的时候，总会被"小人"设置障碍？也许你没有留意过自己的言行，但是别人对你的态度则与你平日的所作所为密切相关。

第六节

想改变世界，先得改变看世界的眼光

人们常说，不要在同一个地方跌倒两次，却难免犯一些重复性错误。有些人吃过很多苦，想要改变周围的人、改变环境乃至世界，但用了很多时间，还是年复一年在吃苦。

比如一个人特别爱计较一些鸡毛蒜皮的小事情，自己想占便宜，还担心别人占自己的便宜。可想而知，这种人与别人的关系肯定不好。这样一来，他的日子肯定不好过。当他想要改善自己的人际关系时，如果还是盯着那些鸡毛蒜皮的小事不放，还是要去算计，那肯定得不到预期的结果。

如果出现了问题，不知道反省，固守自己的思维，那么是很难改变外部环境的。

如果我们不能改变自己处理事情的思维和看世界的眼光，随着时间的流逝，年龄越来越大，心智没有得到提升，那么遇到问题时我们还是会往错误的方向走。

有人说改变不了世界，就改变你看它的眼光吧。其实更好的说法是，要想改变世界，首先得改变自己看世界的眼光。我们这里所说的眼光泛指一种内心的状态。

改变看世界的眼光是很重要的一步。

举例来说，很多年轻人都觉得父母很唠叨——特别是母亲。"天冷了，添件衣服吧！""你怎么没穿秋裤！"……想必不少人都是在母亲年复一年、不知疲倦的唠叨声中长大的。这些话听来就是一些人尽皆知的常识和道理。我们觉得母亲重复这些毫无意义的话，很烦人，甚至给我们带来了烦恼和痛苦。可是当我们离开父母，离开家乡，很久没有与家人联系了，才发现自己竟然对亲人的唠叨有些怀念。

当许久未见的母亲在电话里唠叨着让你注意多休息、天冷加衣服时，你听到的是她对你的关心和爱，而不是道理，更不是唠叨，觉得母亲突然变得亲切温柔了。其实母亲还是那个爱着你的母亲，她没有任何改变，她口中唠叨的还是那些你听腻了的话；只是你听话时，心的维度变了，看她的眼光不同了。当你从一个不同的角度去感受，就会看到唠叨的背后其实是爱；而唠叨就不会再让你感到烦恼和痛苦了。

让心智不同的人去解读同一句话，因为境界不同、看问题的角度不同，每个人所领悟的道理也自然不同。

我们不需要急着改变世界，而是应该先改变看世界的眼光，改变自己内心的状态。当我们遇到问题时，不要急着去解决它，而是应该先提升自己的心智水平，改变自己看问题的维度。这样一来，问题或许就迎刃而解了，甚至就根本不算问题了。

第七节
点菜与人生

　　我们有时候不想在家做饭，就到饭店点菜吃。去得多了，你就会发现，点来点去就是那几道菜。

　　仔细想想，这是不是有点儿像你的人生？能经常跟你互动的只有那几个固定的朋友；你们来来回回讨论的话题就是固定的那几个；你经常去同一个地方运动健身；你每天都去同一家菜市场，买经常吃的那些菜……不知不觉中，我们的生活总是在不断重复。

　　我们很少去思考自己的生活轨迹。只有有意识地去觉知它，我们才能知道生活中有太多的部分一直在重复：我们接收着相同的刺激，我们重复着相同的思维模式，重复着相同的反应模式。

我们最大的问题不在于重复，而在于对这种重复没有觉知。

有人曾说过这样一句话：人与人最大的不同在于，你是真的活了一万多天，还是仅仅生活了一天，却重复了一万多次。

其实有很多人都是在重复地生活，但是这样算活吗？

如果觉知到自己的生活在不断重复，就要改变、要创造，让生命获得真正的活力。

第八节

认知的局限性

中国古代哲学家庄子曾说:"井蛙不可以语于海者,拘于虚也。"

不能跟一只住在井底的青蛙谈论大海,因为它被狭小的生活环境所局限,根本没见过海,不知道什么是海。这只青蛙的认知被其所处的环境所局限。

庄子又说:"夏虫不可语于冰者,笃于时也。"

不能跟夏虫谈论冰雪,因为它活不过秋天。一只没有见到过冬天的虫子不会知道什么是冰雪。夏虫的认知被其寿命所局限。

庄子又说:"曲士不可以语于道者,束于教也。"

不能跟乡曲之士谈论"道",因为他们的后天教育束缚了他们的认知。不要说乡曲之士，即便是我们自己也不例外。在学校里学习，经过十几年或二十几年的教育，学到的东西是不是很有限？一个人的已知如此有限，是无法真正理解和接受那无限宽广的"道"的。

一般人所知所学不过是点滴、片段的积累。我们的认知是不全面的，是有局限的。这些局限一来自空间，二来自时间，三来自后天的教育。

大部分人都活在自己认知的局限里，过着自认为快乐的生活。换个维度来看，我们都是井蛙、夏虫、曲士。

第九节

线性思维

北宋刘彝说"读万卷书,行万里路"。有些人将这句话发展为"读万卷书不如行万里路"。这种说法是有问题的,读万卷书和行万里路应同时进行,缺一不可,不能通过否定前者来肯定后者。

又比如,地上有一张五十元和一张十元钞票,你要捡哪一个?有人会说当然捡五十元。其实不然,你可以两张都捡起来。

再打个比方:你开着车,前面有一人、一狗,你选择撞谁?有人说撞人肯定不行,得赔好多钱,所以只能撞狗。但其实撞谁都不对,你应该踩刹车。

选了A就一定不能选B,或者不是A就一定是B——暗含在这类逻辑后面的是人们的线性思维。当人们面临选择时，往往会徘徊在已知的选项间举棋不定。其实我们跳出自己心智的局限，就会发现可供选择的路还有很多。

线性思维，从一定意义上来说是一种静态思维，它直观而片面。试问在前进的道路上遇到了阻碍，如果直行无法通过，则必须后退吗？当然不是，绕过那个阻碍迂回前行，同样能到达自己的目的地。

线性思维很严重的人，生活非常低效。他在开车的时候，有人跟他聊天，就会迷路；他做事情，一次只能处理一件事，做完一件才能进行下一件。

其实很多事情是可以在同一时间进行的。比如做一顿晚饭，要焖饭、炖肉、煮汤、炒菜。如果必须做完一样再进行下一样，那恐怕这顿晚饭就变成夜宵了。

沿着一条线走，不是前进就是后退。这样的话，遇到一点儿小问题，我们就过不去了，就停滞不前或干脆放弃了。但是如果让自己的思维发散开来，从一个点能放出无数条线，有直的，有弯的——这种平面思维可以帮我们找出很多条绕过问题的路。如果更进一步，让思维在不同的维度中延伸——用立体思维去看，那么所遇到的问题都不算问题了。

所以，大家如果觉得有什么困难过不去的时候，就要问一问自己是不是思维太线性了。这时候你需要的是放开思路，让自己站得更高，丰富心智维度，拓展出一种立体思维。

第十节

肉眼凡胎，会被一叶障目

　　人们常说，了解一个人要听其言而观其行。光凭一个人所说的话是无法判断其为人的，因为人会说谎，会用言语欺骗别人。所以我们还要用眼睛去观察他的行为举止。

　　然而用眼睛观察到的东西其实也不足为信。因为有时候看的未必是真的，或者说至少不是事实的全部。

　　有个成语叫作"一叶障目，不见泰山"，意为人往往会被眼前的一片叶子遮住视线，而看不到外面的广阔世界。喻指人们容易被局部或暂时的现象所迷惑。

　　绝大多数人都是平凡的人，都是肉眼凡胎。平凡的人往往只能看到眼前的表象，而无法透过它看到本质。而且我们往往会陷入线性思维的模式，不想绕过表象去了解更多，以为所见即真实。

　　不要对自己的感官体验过于自信，不要被眼睛看到的、耳朵听到的东西所遮蔽。在分辨一个人或一件事的好坏时，不能盲目轻信，而是要塞住耳朵，闭上眼睛，用心去感受、去思考。

第十一节
"无"承载"有"

老子在《道德经》第一章中说："无名，天地始；有名，万物母。"这句话的意思是，"无"可以用来表述天地混沌未开之际的状况，而"有"则是宇宙万物产生之本原的命名。老子在这里强调了"有"与"无"的关系。

老子还说："天下万物生于有，有生于无。"天下的万物产生于看得见的有形质，有形质又产生于不可见的无形质。

所以"有"是从"无"中生出来的；"无"是承载"有"的。

人的心智模式一直跳不出"有"的模式，也就是认为始终需要一个"有"来承载一切。举例来说，我们认为地

球承载了万物，我们脚下的土地孕育了生命。地球就是个
"有"，这个大"有"承载着其他小"有"。

用这样的思维去想，应该还有更大的"有"承载着地
球。然而我们离开地球，站在宇宙中，就会发现地球周围
没有任何东西，是"无"承载着地球。

假设人的心是一个浅盘，能够容纳的水当然不会太
多，随着不断成长，有的人的心变成了大碗、水缸、游泳
池。心越大，能承受的东西就越多。但只要是容器，容量
就是有限的。所以不如抛开容器，抛开"有"。

正所谓"本来无一物，何处惹尘埃"。不用"有"来
承载，到达了"无"的境界，那么我们就能做到"心包太
虚"了，也就可以和万事万物从容和谐地共处了。

第十二节

从众心理

从众是人们一种普遍的心理，人们往往倾向于放弃个人意见而与大家保持一致。

人们之所以会从众，因为自己的意见和行为与身边大多数人不一致，会产生紧张感、不安全感。例如，老师出了一道选择题，如果你看到自己和同桌答案不一样，可能还比较自信，觉得错在对方。可是如果别人都选A，只有你选B，那么你可能就没有那么自信了，即便不改变自己的选择，也不敢轻易表达出自己的不同。

我们普遍会认为多数人的选择更可靠，所以和大多数人保持一致是最安全的。但事实是，多数人的行为、想法有时候并不一定是正确的，真理往往掌握在少数人手中。

"二八定律"指出，20%的人身上集中了人类80%的智慧。尽管如此，人们还是喜欢趋附于大多数。

"众口铄金"这个成语体现了从众及其危害。它的意思是，如果众口一词，即使是铁的事实，也会被扭曲。

当从众成为一种习惯，人们会盲目地跟从大多数人的选择而失去了自己思考、判断的意愿和能力，随波逐流。这样生活也就没有了意义。

第十三节

觉的能力，发现的能力

所谓"觉"，是一种"看见"的能力。有些人读了很多经典，明白书中每句话的意思，就觉得自己看懂了这些书，很了不起。但实际上他们只知道表面意思，并没有领悟文字背后的道理。也就是说，他们缺乏觉的能力，缺乏发现的能力。

事物的表象往往与本质并不相同。比如说一个人说的话可能有弦外之音，可能表面上是在夸奖，实际上是在讽刺。听话要听弦外之音，这就是一种觉的能力。

在工作中，很多人都有经营事业的能力，但未必有发现市场的能力，所以很难创业；很多人都有和别人维持良好关系的能力，但未必有发现人才的能力。发现这种能力很难得。

有个笑话说的是，一个生物学教授给学生们上课。每个学生面前都放了一个透明的烧杯，烧杯里面装着黄色的液体，教授面前也有一个同样的烧杯。教授说："想要成为合格的生物学家，必须有良好的观察力。今天我便要考察你们的观察力。你们面前放的是病人的尿液样本，在没有仪器的情况下，有时候要亲自尝一下。"说着，他将一根手指伸进面前的烧杯里，蘸了一下尿液，然后将手指伸进了嘴里，口中发出啧啧声。台下的学生们都觉得一阵反胃。这个教授又说："你们看清楚了没有？现在都学着我的样子做一遍。"于是学生们都硬着头皮把手伸进烧杯中，尝了尝那黄色的液体。教授微笑着看大家完成了一系列动作，然后宣布："今天你们的勇气是一百分，不过观察力都是零分！"原来教授伸进烧杯中的手指是中指，而放进嘴里的是食指，所以他并没有真的品尝尿液。全班的同学都没有发现这个细节。

　　大多数人的发现能力、"觉"的能力是不够的，所以要提升这方面的能力。如果我们能看到不同点、亮点或窍门，或者听到言外之意、别人没有吐露的心声，那么生活和事业一定可以更上一层楼。

第十四节
"觉" 处可以逢生

　　觉，就是可以看见隐微的东西，看见早就存在却一直没有显现出来的东西。万有引力早存在于自然界中，可直到近两百年，才被牛顿发现。

　　正所谓"觉处慧眼生"，是觉让我们看见根本，发现真相。

　　"看见"之后，进而能够领悟出事物背后的原理、运作法则。悟道之后，再去行证，用悟出的道去指导行动，我们的境界就会越来越高，就能活得更洒脱。

　　无论处于何时何地，只要有了觉的能力，就能看到生命的出口，看见改变和扬升的契机。所以说，"觉"处可以逢生。

但人们一直被自己已知的东西所囚禁，被那些看得见、听得到的现象和经验所束缚，被贪婪、愤怒、傲慢、偏见及其他执念所禁锢。这让我们置身于"绝处"。

但是如果我们能够去"觉"，就会找到出口，就能跳脱已知的局限和禁锢，不再被表象所蒙蔽，就获得了生机。

第十五节

觉察而知止

想要提升自己觉察、觉知的能力，提升自己的悟性，平时就要注意在这方面多加锻炼，让自己的内心保持一种清静的状态。

一旦体察到自己产生了某种不良情绪，或者升起了某个念头，就要觉察而知止，马上停止这种杂念。这就叫"念起不随，回头是岸"。

所以，发现自己起念头了，就要马上放下这个念头；发现自己在妄想，就要马上从这种想法中抽离；发现自己执着了，就要放下执念，想想是不是还有别的可能，听听别人的意见。

要做到自净其意，让自己的内在不断得到净化。心

"净"了，也就可以静心了。

人们在激动、烦躁的情绪中往往容易走极端，只能从一个维度去看问题，无法转换自己的思维模式。这样就很容易将自己困在某种局面里。一旦做到了"静"，我们就会发现自己的领悟力得到了提升——看问题的维度更丰富了，思想也灵活了，转念之间就从困境中轻易解脱了。

所以，当面对纷繁复杂的环境，内心躁动的时候，要学会让自己静下来。这个静不只是形态上的安静，还是内心的清静。

在一些竞技项目中，头脑冷静的人往往更有胜算。成功学中常常提到"宁静方可致远"，这是说制胜的一个先决条件就是让自己清静、冷静下来，不要躁动不安，停止胡思乱想。

第十六节
知止定静安虑得

儒家讲：知止定静安虑得。 知止而后有定，定而后能静，静而后能安，安而后能虑，虑而后能得。

在知之前要不要修觉察？

首先要能够觉察，然后才能够觉知。觉知之后而知止，然后收心回来。收心回来，然后定于"观呼吸"这一念，或者定于别的地方——就要慢慢地定，慢慢地自净其意，慢慢地静下来。用一个很清静的状态再来看看自己，用一个清静的状态再来回观、再来观照自己目前的人生、目前的问题。

在清静的状态下，心思已经安下来了。

以一颗很"安"的心去看其他的问题，智慧就会慢慢浮现出来，因为"自我"已经被降服了。"自我"就好似一个管家，日常都是"自我"在做主，因为主人不在家。现在我们让"管家"静下来了。我们在觉察后，有了觉知，就能做到知止定静。这个时候，心已经安了，主人就自动出现了，管家就听主人的话了。

第十七节
观呼吸

虽然我们已经明白了觉察、觉知的重要性，但是平日里，我们的心里总是很乱，被各种纷繁琐碎的事务所充斥，所以很难真的觉察到什么，觉知到什么。这种状态就好比一个人处在庐山中，被云雾挡住了视线，看什么都不真切，甚至连自己在哪儿都分辨不清。所以静不下来，不能好好地观自己。

想要在生活中保持一份觉察、觉知，就要通过一些基本功来锻炼自己。"观呼吸"便是提升觉察能力的有效途径。

我说的观呼吸，跟大家外面所学的观呼吸是不一样的，跟网络上搜到的观呼吸也是不一样的。下面讲一下

"观呼吸"的方法。

首先，要让身体放松，找到一个让自己不会有压迫感的状态——可以坐着，也可以躺着，不讲求具体姿势，只要能让自己放松下来，不觉得身体酸、痛、麻就行。

接下来，就可以开始"观呼吸"了。所谓观呼吸，就是只观自己的呼吸，自净其意。

在整个过程中，我们之前的一些情绪、想法会涌现出来。这个时候，我们就要及时察觉到自己的心又跑远了，要把这些情绪、想法都去掉，收心，让意念存在于呼吸之中。

内心产生出一种情绪或一个念头时，就好比天空中飘过来一片云。不管是乌云，还是白云，我们只要看着它就好，不需要分析、判断、解读、拒绝。慢慢地，烟自然会消，云自然会散。不管是情绪也好，念头也好，它一出来，我们就看着它，让它慢慢消失。如果出来一幅画面，我们就看着那个画面，慢慢让它消失；出来一个声音，我们就看着那个声音让它慢慢消失。这就叫"观照"。

当头脑中冒出某个念头后，如果我们对它没有觉察，就会一直纠结于那个念头，一直想它，于是念念相续；如果我们觉察到它，去观照它，它就慢慢消失了，我们的内心也就清静了。情绪也是如此。

第十八节
换个角度看问题

在传统观念里，牡丹是富贵的象征。古时候有一位员外，很喜欢牡丹。一日，他去参观一个知名画家的画展，其中有很多幅牡丹图。员外看到一幅很漂亮的牡丹图，这幅图画上，最边上的一朵花不全，缺了一小部分。他惋惜地说："哎呀，富贵不全。真可惜！"

刚好，站在一旁的画家听到了他的话，说："非也非也，这叫作富贵无边啊！"

同一幅画，画家和员外从不同的角度去看，看到的寓意不同，两个人的境界高下立现。

科举制是中国古代的人事选拔制度，古人为了当官要经过十年寒窗苦，去参加科举考试。一个年轻举人，千里迢迢进京赶考，到了京城找了个客栈住下。一天晚上他做了一个梦，梦见自己在墙头种菜、在晴天打伞。

他觉得这个梦一定有什么暗示，第二天便找算命的人解梦。

算命的人听了他的梦，告诉他这是个不祥之梦。"墙头种菜"的寓意是"白种"；"晴天打伞"的寓意是"多此一举"。所以这次考试就是浪费时间，肯定不会有好结果。

这个年轻人很沮丧地回到客栈，收拾完自己的东西，去找掌柜结账。

掌柜问他："你还没考试怎么就要回家呢？"

年轻人就把自己的梦和算命人的话都告诉了掌柜。

掌柜却笑着恭喜年轻人，因为"墙头种菜"谐意"高中"；"晴天打伞"的寓意是"有备无患"。

经他这么一讲，年轻人豁然开朗，信心倍增。

所以说，换个角度看问题结果就完全不同了。

　　同样的事情，从不同的角度去看，就完全不同。当别人在一件事情上钻牛角尖的时候，局外人应该从积极的角度去解读这件事，开导这个人。这也体现了为人处世的智慧。

第十九节
改变看世界的眼光

有时候，人们看待别人的事情跟看待自己的事情的眼光是不同的。

人的两只眼睛是水平的，但是并不能公平地看待每一个人，会有分别之心；人的两只耳朵，长在脸的两侧，它们喜欢听某些话，却不喜欢听另一些话；每个人只有一张嘴巴，它会区分喜欢吃什么、不喜欢吃什么……

如果能内观生活中的点点滴滴，我们就会发现，其实有很多东西值得去参悟，去领悟。

如果你还想不出哪些东西可以反省、跳脱，那么就可能会错过很多经验，会让发生的事情白白发生，让经历只是过程。

人们会吃一些苦，受一些难。日复一日，人们总是犯着重复性的错误，逐渐老去，却没有成长，没有改变，总是在用老眼光去看世界。

有这样一种说法：不是世界变了，而是你的眼光变了。改变看世界的眼光，你的世界就会大有不同。

第二十节

有一种状态是把心扉打开

每个人都想拥有一个美好的人生，可是大部分人在学了很多的知识、道理，具有能力、才华后，依然对人生感到很迷茫。

庄子说："曲士不可以语于道者。"一般人所学到的东西都非常有限且零碎，经历也不过是片段式的，所以有很多"道"是听不懂的。

就好比，跟夏天的虫子讲四季，它是很难理解四季是什么的；跟井底之蛙讲天有多宽，海有多阔，外面的世界是多么精彩，这些都是它无法体会的。必须离开自己的环境才能体会自己没有经历过的东西，所以我们要懂得出离，要把心扉打开。

　　社会是多元的，每一个人都是不同的，可是很多人却用一种僵化、固执的心态去面对诸多不同。

　　我们面对的是多元而不同的存在，这是个事实。一个固执、僵化的自己，活在多元、多维的存在中，是会不快乐的。

第二十一节

人生如梦

　　有一次，我在家里躺在沙发上，不知不觉就睡着了，梦见自己到了离家很远的陌生之地，焦急地想要回家。一觉醒来，发现原来自己哪里都没去。人在家的时候并不会产生回家这样的念头，但是梦中人，并不知道自己身在家中。

　　有很多人上学的时候都做过这样的梦：早上醒来，发现自己快迟到了，赶紧起床，背上书包急匆匆去了学校。猛然醒过来，才发现自己还躺在床上，真的睡过头了。这时我们会有些恍惚，不知道现实和梦境哪个是真的，哪个是假的。

　　其实人们的生活正如梦境一般。所见所闻可能只是假象。

有一个典故叫"庄周梦蝶"，说的是庄周梦见自己变成了一只蝴蝶，自由地飞翔，感到十分惬意，忘记了自己原本是庄周。他突然间醒过来，惊惶不定之间，不知道是庄周在梦中变成了蝴蝶，还是蝴蝶在梦中变成了庄周。借助这个小典故，庄子告诉人们，人不可能确切地区分真实与虚幻。

人生如梦。明白了这一点，你是不是就能想开了？

第二十二节

提升自我是去觉悟，去参悟

学习是什么？

学习可以是你跟我学我会的、我懂的。如果你全力以赴，那么勉强能够跟得上。

而提升自我，是要去觉悟，去参悟。

透过觉悟，可以超越已知。我们过去的学习都是在学已知；而透过觉悟、参悟，我们可以悟未知。对已知的悟可以更深入，甚至到达更高维度的境界。提升自我让我们能悟已知，也能觉未知，悟未知，可以青出于蓝胜于蓝。

我们讲的提升自我，是超越学习的，是"悟已知"。我们要思考别人是怎么"用"的，以及这样会导致什么结果、为什么会有这种结果。在觉悟的过程中，我们不只是觉悟已知，还可以觉悟未知。我们可以超越"用"的局限，可以看到、领悟到隐藏在事物背后的原理、原则。这是一种不一样的成长的方法，因为维度不同。这也是一个"看得见"的状态。

举例来说，小老鼠刚出生的时候，眼睛是睁不开的，它对于周围的环境只能慢慢摸索。学习也是如此，"目"是未开的，不睁开眼睛，就没办法看清楚东西。

第二十三节

你的生命属于哪一种样子？

想象一下：一颗种子发芽后，慢慢生长，成为一棵树，经历开枝散叶、开花结果。种子在自然地生长，这是一种情况，即道法自然。

第一种情况是，一颗种子，慢慢生长为一棵树，开花结果，但是在成长的过程中，经历了修枝剪叶，被金属条固定——像盆栽、花园中的植物，被人工修成了人们想要的样子。

第三种情况是，有一个框架，框出了一棵大树的形状。人们依据这个框架填充东西，造出了一棵树的样子。

第四种情况是，只有一个树的框架，框架上涂着颜色，还装饰着假花，但是中空的。

第五种情况是，用素描或彩绘的方式在纸上画一棵树出来。

你的生命属于哪一种样子？应该不是第一种，或许和第二种有点儿像？第三种是填鸭式的，第四种是只有样子没有内涵，第五种是平面式的。

这是不是可以与提升自我进行类比，是不是可以与学习和成长进行类比？

第二十四节

贴标签，撕标签

很多做家长的，在对待自己的孩子时常常不能摆正心态，心情总是会有很大起伏，这是因为家长总习惯于给孩子贴上"我的孩子"的标签。

你如果给孩子贴上"我的孩子"的标签，那么你就会用家长的视角去审视他。这种视角通常是不平等的，你会看到他的缺点，会看他的成绩。如果他的分数不理想，你就会生气，就想教训他，跟他说话的语气就会很差。但是试想一下，如果别人的儿子成绩不好会影响你的心情吗？当然不会，因为别人的孩子并没有被你贴上"我的孩子"的标签，跟你没有关系。

那么能不能换一个视角呢？也就是撕下孩子身上的标

签，不要把孩子只定义成"我的儿子"。或许我们可以这样去看待孩子：他通过我来到人世间，是陪伴我们走过生命的旅程的一个伙伴。这样的话，对待孩子的态度是不是就不一样了？

如果你做到了"撕标签"，还可以尝试给孩子贴上新的标签，比如"朋友"。试想一下，你看到朋友考试不及格，不会生气吧？如果你能给孩子贴上"朋友"的标签，就能以朋友的视角平等地看待他。当看到孩子拿着不理想的成绩单回家时，如果觉察到自己开始生气，就要赶紧撕掉他身上的旧标签，贴上"朋友"的标签，这样就能慢慢平静下来了，不会想到去责备他。朋友之间是要相互帮忙，彼此支持的，因此你会去考虑，他有没有遇到什么困难，需要你帮忙克服？

刚开始，撕标签会有些困难，但是你要去尝试，要慢慢地做出转变。

当你可以自如地将"儿子"标签撕下，贴上"朋友"

标签后，你还可以把"朋友"标签撕下来，贴上"生命伙伴"标签，这样你对他的态度又会有转变。

我再用妻子来举个例子。如果我每天回家都问她："饭煮好了没有？""孩子的功课写好了没有？"我并没有关心她过得怎么样，而是关注她作为妻子、作为家中的女主人有没有尽到职责。这是因为我给她贴上了"我老婆"的标签。

如果我给她换一个标签，比如"女朋友"，那么我就是以男朋友的视角去看她，对她的态度自然会有所改变。我可能会对她讲，煮饭很辛苦，今天先歇一歇，我们出去吃吧。这样一来，我们的沟通方式也会变得不一样，关系也会变得更好。

贴标签，撕标签，其实就是在转念，在放下。我们可以把这种方法运用在生活的点滴之中。虽然不一定一下子就能做到，但我们可以不断地尝试、改变，最终养成稳定的生命常态。

第二十五节

阴阳平衡，共荣共存

　　东方与西方的文化不一样。东方人讲求天人合一，阴阳平衡，人与万物共荣共存，而西方人推崇屠龙精神，会把动物宰杀掉，然后把兽皮、兽头挂在墙上做装饰。

　　在西方文化中，人们用兽皮象征征服，用动物的死亡来衬托人类的强大。东方文化不主张屠龙，而主张降龙。在东方的神话里，神都有坐骑，比如龙、麒麟、大象等。人类可以驾驭兽类，并和它们共存。

　　"屠龙"与"降龙"体现了两种截然不同的思维模式。

　　这种不同也很明显地表现在医学方面。中医主张调和身心，而西医主张"割、杀、灭"，这是"自我"很大的表现。

第二十六节

你丈量世界的单位不同，看到的文明也不一样

你丈量世界的单位不同，看到的文明也不一样。为了自己和他人的幸福，我们会提出很多规则。为了控制整个局面，我们也会提出很多规则。但是为了掌控而提出规则和为了幸福而提出规则，初心是不一样的。

很多人在上过我的课之后，生命更加有温度，人际关系越来越融洽，生命能量更加流畅，做事情越来越凭良心，开始与人为善。他们已经变得很好了，难道之后他们的人生就止步不前了吗？我相信他们会更珍惜他们现在拥有的。

举个例子，我曾经在一个企业里工作。企业衡量一个

人的价值的标准常常是他的生产力。我这种人生产力并不高，很可能被贴上"没有价值"的标签。但是我在稳定公司的人心方面起了作用。一般人不会看到这方面的价值。公司体制改革要裁很多人，一般情况下他们会带着怨气离开。但是我让他们从办公室走出去的时候带着感恩的心，对企业没有怨恨、没有仇视。我的价值不在于为企业赚很多钱，而在于为企业稳定人心。人心稳定了，自然有利于企业的发展。

第二十七节

每种情绪背后都有一种想法

每种情绪背后都有一种想法。不安是你认为的不安，恐惧是你认为的恐惧，快乐是你认为的快乐，烦恼是你认为的烦恼。

如果你没有那些想法，那么你还会不会不安？会不会恐惧？会不会烦恼？不会。没有那些想法，就是给自己放生。你放过它，它就放过你嘛！

想法背后是你的执着。如果你不执着于某种想法，那么你是不会有某种情绪的。你越执着于某种想法，某种情绪就越高涨。那你了解怎么给自己放生吗？你知道怎么放自己一条生路吗？

我要教你的是，当你感到烦恼、恐惧、不安的时候，去看看这背后让你恐惧、不安、烦恼的想法是什么，思考你为什么会被这种想法绊住，然后换种想法，这样你就会感觉轻松许多。

第二十八节
本色无色

本色是无色的，本我是无我的。

一束阳光从棱镜的一个侧面射入，从另一个侧面射出，那么就会呈现红橙黄绿蓝靛紫七种色光。因为不同色光在同一介质中的传播的速度不同，同一种介质对各种单色光的折射率也不同，所以通过三棱镜时，阳光中不同的单色光被分开，并形成了色散。

能够被人的眼睛感知的光，也就是可见光。它们的波长在400～760纳米之间，但在这个范围之外的光，虽然人眼感知不到，却真实地存在着。

通过这个例子，大家可以按照逻辑去推想。如此，是不是就能体会到本色无色了？

第二十九节

用有限的已知去评判无限的未知，是无知

我们听过很多道理，也学习过很多知识。然而，我们往往会陷入一种状态，即一直停留在道理、知识的表层，无法真正理解和消化它们。这是因为我们体会、体认真理的能力并没有大过学习知识的能力。

由于我们学习知识的能力大过体认真理的能力，所以常常会被所学的知识阻碍和局限，会把学到的知识当作标准去衡量一切未知事物——即使是一位年过不惑的博学老者也很难免俗。

人生百年，一百年相对于人类存在的历史是很短暂的。个体在一生中所能经历的事情非常有限，学到的知识

终归是很少的。

这样看来，一个人用很有限的经历、很有限的已知，去评判无限的未知，一定是很无知的。

第三十节

相由心生

　　在生活中，常常有一些人，总是闷闷不乐的，虽没有遇到特别多的麻烦，但总是开心不起来。这种人的心中总是有很多不好的情绪，但是他们往往不会觉察到自己的情绪。

　　据我的观察，我身边的这类人往往更容易生病，且患心脑血管疾病或癌症的概率更高。

　　压抑自己的负面情绪，把它隐藏起来，久而久之，就会让不好的情绪积累得越来越多，进而对心理、生理、身体造成不良影响，导致疾病。

　　这样的病，也可以说是一种"相"。它是由心而生的，即所谓境由心造，相由心生。

第三十一节
接受不同与欣赏不同

　　人这一辈子要学会接受不同，还要学会欣赏不同。接受不同与欣赏不同都属于高级思维。为什么这么说呢？在一群同行的动物当中，我们很难看到别的动物。狮子总是和狮子一起出没，斑马总是和斑马一起寻找水源，长颈鹿总是和长颈鹿一起觅食。总而言之，动物一般都是和同族群的动物一起活动。只有人会养宠物，人会跟不同的动物生活在一起，因为人是高级动物，生活在高维空间。

　　我们用这个逻辑来理解一个人的思维水平越高，他的心胸、格局就越大。他可以民胞物与，仁民爱物。他可以接受不同与欣赏不同。因此，他可以跟不同的动物生活在一起。同样的道理，如果你无法和他人生活在一起，和平相处，接受对方和你不一样的地方，欣赏对方的不同，那么这说明你的境界不够高，生活在低维空间。

第三十二节

你尊重别人吗？

　　和你一样，别人也是自己的主人。那你是否认为别人可以做主呢？以自我提升为例，有的人觉得自己可以去参加生命成长课程，但是伴侣要去参加，他却觉得不行。但是为什么你可以，人家就不行呢？你想活出最辉煌的生命版本，你的另一半难道就不想吗？你可以如何如何，对方却不准乱跑，必须待在家里，这样是不对的。这是很普遍的现象。我们都想当自己的主人，却没有办法认可别人也可以当他自己的主人。人都想过好一生，为什么你可以过自己想要的人生，对方却不能过他想要的人生呢？

　　我们缺少一种文明的态度。你可能学了很多，知道很多，自以为很有能力，很有见识，于是试图掌控别人。但你承认别人也是他自己的主人吗？

　　什么是真正的文明呢？我认为是由内而外的文明。外在的文明一般都是从内在的文明开始的。没有内在的文明，真正的文明无从谈起。显而易见，尊重别人就是一种真正的文明。

第二章

觉察，看到根本所在

第三十三节

生命的互补性

　　每一个人都不是完整的，都不够健全，但是一群人在一起却可以互补。以《西游记》里的玄奘、孙悟空、猪八戒、沙僧、白龙马为例，他们的特质各不相同，有好有坏，但他们在一起却互为补充。我们要能够看到彼此的互补性。那你有没有看到周围人的身上和你互补的人格特质？单独看一个人的眼睛，你可能不会觉得很漂亮；单独看一个人的嘴巴，你可能也不会觉得很漂亮。但是把嘴巴和眼睛放在一起看，你会觉得还挺好看的。我认为，每个人都应该去他人身上寻找和自己的人格特质互补的人格特质。一个不会哭的人，要找一个会哭的人互补；一个刚毅木讷、不苟言笑的人，要找一个活泼、幽默的人互补；一个做事一板一眼的人，要找一个做事有弹性的人互补。我们为团队挑选人才的时候，要找特质互补的人才，这样我们才能让一个团队为更多人提供服务。在挑选人才的时候，我们必须睁开眼睛、打开心智、敞开心扉。

第三十四节

公平不一定能让你幸福

很多人在生活中讲求公平原则。家长和老师总是会和孩子强调公平的重要性，所以我们从小就知道待人要公平，分配东西要公平。时间久了，我们做什么可能都要先计算一下，比较一下，看看是不是公平。

在道理层面上来说，做到公平才是好的，公平是头脑、理智告诉我们的。但有趣的是，在内心层面，公平有时并不能给我们带来真正的快乐和幸福。

以婚姻为例。一对恋人结为夫妻之后要一起生活，一起面对琐碎的事情，特别是有了孩子之后，生活中各个方面的压力都很大。如果在这种情况下要讲公平，那会是什么样子呢？我煮饭你就要洗碗，我洗衣服你要拖地板。早上我送孩子去上学，傍晚你下班接孩子回来……这样似乎是公平的，但是会让人觉得幸福吗？

为什么有人会说"婚姻是爱情的坟墓"，大概就是因为在婚姻中对公平的追求让幸福消失了。

不妨回想一下：在谈恋爱的时候，我们不会想到公平合理，只是根据内心的感受去做事。因为爱对方，所以愿意为他付出，不求回报，付出的时候觉得特别幸福。

所以，头脑过于理性，一味追求各方面的公平，往往会让内心离幸福越来越远。

第三十五节

女儿的成长带给我"知止定静安虑得"

女儿在上幼儿园的时候，每天都在玩，没学什么东西。幼儿园大班的老师虽然会教最基本的拼音，但是她没好好听过课，什么都没学会。

她上了小学，我就开始着急了，因为她上的那所学校的老师都以为学生在幼儿园学会了拼音，所以基本的知识讲得特别快，我女儿完全跟不上。

我从没学好拼音可以联想到一连串不好的结果：如果拼音学不好，语文课就跟不上，语文学不好，别的科目也会受影响，到了初中就更跟不上了，最后考不上好高中，考不上好大学，找不到好工作，挣不到钱，甚至找不到好对象，不幸福……

我把担忧跟女儿讲了几次。

有一天她跑到我面前，用一种很严肃、诚恳的表情看着我的眼睛，问道："爸爸，难道拼音没有学好，我就不是好孩子吗？"

我的心被揪了一下，赶忙对她说："好孩子！你学得不好也是好孩子！"

不出我所料，一直到小学毕业，她的成绩在班上都是倒数几名。尽管如此，每次她把成绩单给我看，我都要含着眼泪带着微笑对她说："加油。"

记得有一天，女儿学校下午没有课，提前放学回到家中，我刚巧也在家。女儿从冰箱里拿出一些点心当下午茶，然后打开电视，一边吃一边看《天线宝宝》。这个节目是她上幼儿园小班时就在看的，我顿时火冒三丈，质问她为什么这么大了还看这么幼稚的节目。她说，因为很好看。

我听了就更生气了，问她："你最大的愿望是什么？"

她说："回去上幼儿园。"

我盯着她看，感觉心中的怒火快要喷出来了——她学习这么差，为什么还不知道要努力读书呢？

她看到我不高兴就回自己房间去了。我想她大概知道自己错了，去学习去了。

没想到几分钟后，她拿出来一个玩具娃娃，开始帮她设计各种发型。我感觉自己下一秒就要爆发了，但是我的脑中突然闪现出她小时候的可爱模样——那时的我是个纯粹地爱着孩子的爸爸——我的心就静下来了。但是再看看眼前的她，我的怒火又上来了。

我问自己，是什么让我如此生气？答案就是"成绩"。

我记得，她小学二三年级的时候，放学回到家，知道帮爸爸妈妈按摩；她还经常会制作水果拼盘给我们吃，每次都不会忘记配上餐具、纸巾；她小学五年级学会了做松饼，于是在家里经常给我们换着口味地做原味松饼、奶油松饼、蜂蜜松饼。

这样回想起来，就会发现她是一个特别懂事、贴心的孩子。但是这么可爱的女儿，为什么会让我看一眼就来气呢？

于是我让自己回到当下，去觉察。让我不舒服的其实就是她的"成绩"。因为我在意"成绩"，因为我把"成绩"和她未来的生活关联了起来，所以看到她总考最后几名，我就会担心她上不了好的学校，找不到好的工作。我看着她就会着急，就会生气。

然后我就问自己，我可不可以不在乎这个"成绩"，就只是去看着她——她没有到处惹是生非，跟朋友相处得很好，乐于助人，尊师敬长，很讨人喜欢，很勤快，很懂事，还很有创造力……她唯一的问题是学习成绩不符合爸爸的期待。

如果我把"成绩"去掉之后再看她，就会觉得她特别好。

从女儿上幼儿园到小学毕业，她的成长让我懂得了觉察、觉知，让我学会了转念和放下。所以说，我的修行是被我女儿开启的。她为我打开了一扇窗户，让我觉察、觉知、"知止定静安虑得"。

第三十六节
人活着不应该让别人觉得很难相处

我们在生活中会发现，总是会有一些人很难相处，很难让人亲近。和这样的人在一起我们会很难受，所以我们会疏远他们，不去理睬他们。

很难相处的人通常都会有非常鲜明的个性，很自我，不在意周边人的想法，不顾及周边人的感受。他可能很固执，他的思维也通常是僵化的——僵化就会棱角分明。在与人打交道时，棱角会扎到别人，让别人觉得疼痛甚至受伤。

我们很容易发现身边有哪些人不好相处，会让我们难受，却很难觉察到自己有时候也是个很难相处的人。

所以当你发现你的朋友或家人不怎么理睬你的时候，就应该去觉察：你觉得一个人很难相处，就不会去理睬他；现在别人不理睬你，会不会是因为对方在与你相处时感到不舒服了？

如果我们和别人的关系变差了，问题的根源往往不在对方而在我们自己。想改变这种局面，首先要改变自己，不要让别人觉得我们很难相处。

第三十七节

不要用痛苦来证明自己的存在

　　一个人如果总是关注"小我"，就会产生很多想法和念头——想要去证明自己的存在。

　　我们活在这个世界上，常常"苦中作乐"，习惯于忍受生活中的各种痛苦。

　　我们会发现，和快乐比起来，痛苦带给人们的存在感往往更加强烈。

　　很多人在回顾自己的一生时，最先浮现在脑海里的往往是那些"苦日子"。那些悲惨的、痛苦的经历仿佛就发生在昨天一样历历在目，而对快乐的记忆总是有些模糊、不真切。

　　为什么人们总要用"痛苦"来证明自己存在呢？因为

我们总是依赖于肉体的感受。

　　痛觉，是伤害性刺激作用于人体产生的感觉。它是人类最基本、最原始的感受之一，其意义在于保护机体的安全。

　　当人们觉得事情不真实的时候，往往要掐自己一下，证明自己不是在做梦。这就是痛觉在起作用。

　　缺乏存在感的人，有时会通过让自己痛苦来证明自己的存在。

　　如果能站在一个更高的维度去看，不再关注那个小小的"自我"，去掉想法和念头，就会发现，我们的存在是不证自明的。

第三十八节

是什么使你不快乐？

我们会发现，孩子在还没有发展出很清晰的自我意识之前，每天都是很快乐的，偶尔哭闹一下也特别好哄，很容易就变得开心了。我们常常会看到，两个幼儿园的小朋友，前一秒还在开开心心地玩游戏，后一秒就开始斗嘴吵架，但没过一会儿，两个人又开开心心地一起玩了。

这是为什么呢？因为小孩子干什么都是为了快乐——做游戏是为了快乐，吵架也是为了快乐。

可是随着年龄的增长，孩子的自我意识越来越强烈，事情就不那么简单了。我们可以看到，那些步入青春期的孩子常常会出现这种情况：两个很好的朋友会为一点儿琐碎小事而吵架，吵完之后，会连着好几天互相不理睬，赌气，甚至不再做朋友了。

　　这是因为对于他们来说，快乐已经不再重要，友情也不再重要，重要的是输赢。事实上无论是输的一方还是赢的一方都不会获得真正的快乐。

　　我们往往得到了很多，却无法变得快乐。那是因为我们忘记了自己的初心，忘了该如何让自己快乐。

第三十九节

你拥有想法，还是被想法拥有？

　　每个人都拥有很多想法。

　　你有没有想过这样一个问题：你拥有想法还是被想法拥有？

　　如果你拥有想法，你就应该是想法的主人。

　　一个想法，无论是自己头脑里形成的，还是听来的，都应该为你所掌控。如果一个想法行不通，你可以放下这个想法，可以换一个想法，这就是"放下"和"转念"。

　　然而，在实际生活中，你往往不自觉地让自己的想法成了主人，被想法所拥有，让想法掌控了行为和命运。

　　这样一来，你就成了机器人。机器人需要人类给它输入一系列程序指令，然后完全依据这些程序来行动，做出反应。它的一切都被安排好了，所以它不能创新，不能改变。

你在被自己的想法所支配时，就会为了达成这个想法而坚持。这种坚持不知不觉就会变成固执。于是你就会认为"只能这样做，不能那样做"，给自己设定越来越多的条条框框，束缚住前进的脚步。这样一来，你就再也无法创新，无法改变，无法活出自己想法之外的人生。

如果想要活得更好，想要获得更多自由，就必须去思考这个问题：你拥有想法，还是被想法拥有？

你需要按照这个逻辑继续思考一些问题，比如，你是在过日子，还是被日子过？你拥有钱，还是被钱所拥有？

第四十节

不要被拥有的束缚

　　细想起来，人活着还挺可悲的——有时候，甚至还不如一只鸟过得快活。

　　把人和鸟拿来做比较可能有些残忍，但能给大家带来一些启发。

　　很多人都羡慕鸟儿，因为它自由，没有拘束。鸟平时在天空中飞，累了就站在树枝上休息，可以没有固定的居所，天地广大，处处都是它的家。它无须为了养家而奔波，只要能为自己觅得一餐，就可以快活自在地飞到任何想去的地方。在养育下一代的时候，它们才需要筑巢，待幼鸟可以自己觅食后，它们便又可以随心所欲地各处为家了。

一只鸟生命中的大部分时间都不会被家束缚，它在哪里落脚，哪里就是家——可以是屋檐下，可以是树枝上，可以是烟囱里。如果住得不合意，如果窝坏了，那就展翅飞去别处，另觅一个住处。

再来看看人类，几乎每个人都根深蒂固地认为自己需要安家立业。安家就要有固定的居所，就要买房。可是现在房价那么贵，多数人买房都要贷款付息还贷二三十年，还要考虑首付够不够。如果没有足够的钱就得在面积、户型、居住环境、便利性等方面做出一些让步。有了房，我们每天就要努力工作，攒钱还房贷，还要减少一些不必要的开支，减少娱乐消费；工作时也会更加谨慎、努力——万一失业就还不上房贷了。这样一来，我们就失去了很多自由，可能日子过得反倒没有一穷二白的时候那么舒心。

有了房还要有车，因为住房可能离公司太远，开车上班比较方便。特别是有了孩子之后，要出去玩，要接送孩子上学、放学，没有车很不方便。但有了车，我们的压力就更大了，每年要花钱去保养车，要花车位费。所以为了车就要赚更多的钱，生活中的自由度就更小了。

我们为了追求金钱、物质而不断拼搏，拥有了一些，还想拥有更多——我们被拥有束缚住了。

我们无法让自己放慢追逐"拥有"的脚步，也无法让自己停下来歇一歇，或换个追逐的方向。

我们拥有的越来越多，却过得并不快乐——因为越来越不自由。

我们拥有了这么多，却被拥有束缚住了。小鸟拥有得东西不多，却活得很快乐，因为它不会让自己被拥有束缚。

我们到底怎样才能活得更好？这是很重要的一个课题。

有句话叫"笼鸡有食汤锅近，野鹤无粮天地宽"。我们就像笼子里面的鸡，住在一个固定的居所，天天吃着固定的食物，结局可想而知。而野鹤没有食物，就需要自己觅食，没有住处就可以四海为家，所以活得很宽广。

通过这样一种比喻，希望大家能够体会到一种心境、一种生命状态。

我们被拥有的给束缚住了，失去了更大的可能性。目光只盯着小小的一片天地，心胸也会变狭窄，越来越计较得失，越来越难获得快乐。

第四十一节

反观的智慧

　　有这样一个笑话，说的是一个妈妈嫌儿子的房间太乱，就骂他："你是狗啊，房间像狗窝一样。不能自己打扫一下吗？"孩子说："你看到过狗打扫自己的窝吗？"——都是养狗的人在打扫狗窝，不是吗？

　　可见这个儿子虽然懒，但是头脑还挺灵光的。妈妈骂他像狗，他没有顺着妈妈的思路去理解——不是狗就应该自己打扫一下房间，而是逆向去思考——狗不会自己打扫窝，如果他真的是狗，就理所当然不需要自己打扫房间了。

　　再讲一个笑话。一个爸爸对女儿说："女儿，妈妈老了，爸爸帮你换个年轻的妈妈，好不好？"一般来讲，孩子听了这种话肯定会陷入情绪之中，拒绝爸爸的要求。但是这个孩子并没有受到影响，而是站在爸爸的角度，用他逻辑去对他说："那你妈妈更老，为什么你不给自己换个妈妈？"

可能这个爸爸在跟女儿说要给她换个妈妈的时候，他不认为自己的想法有问题，可是当听到女儿用他的逻辑推理时，他才发现自己的话是有问题的，里面的因果关系是不成立的。

再举一个例子。很多人可能对这个例子比较熟悉，或许能从中看到自己的影子。一个爸爸开车送女儿去上贵族学校。路上，他说："女儿，你看爸爸为了赚更多的钱，每天都在忙工作。这样才能供你读贵族学校。你会不会因为爸爸没有时间陪你而恨爸爸？"

我们能听出来，这个爸爸讲这段话是在合理化自己不能陪伴女儿这个事。他可能觉得自己很有道理，是为了女儿这样做的。可是，如果我们反过来想一下，就会发现这种思路有很大的漏洞。假设女儿用他的逻辑来回应，可能会说："爸爸，我不会怨恨你。我会好好读书，长大后努力工作，赚很多钱，送你去贵族养老院。"如果爸爸听到女儿这么说，他肯定会反思自己的问题在哪里。

如果你进入一个有味道的房间里，马上就能嗅出室内的味道。可在里面待得久了，就闻不出来味道了，因为你的嗅觉已经适应了环境，不会再对味道有特别的觉察。这便是"入芝兰之室，久而不闻其香"。刚从外边进屋时，你是"旁观者清"，在屋里面久了，你就是"当局者迷"了。

如果把你的想法比作那个有味道的房间，那么当你一直陷在自己的认知想法里面，就不会觉得有问题。可是别人听到你的想法，就会发现其实问题很大。可是人都不愿意承认自己有错，所以这个时候别人跟你讲逻辑，你

是听不进去的。你只有经常反思，站在自己的对立面去
看自己的想法，才能跳脱出来，摆脱惯性思维，让自己更
清醒。

　　每个人都应当具有反观的智慧。

第四十二节

觉察，看到根本所在

在乎是难免的，但是过度在乎，就会影响心情，就会让人变得闷闷的，有种被卡住了的感觉。这就是因为你执着了，挂在那里了。

比如说，你喜欢一个女孩子，那么看到她下课后跟旁边的男生说笑，你就会不舒服。她的一颦一笑、每个动作都会挂在你心上。如果你没有喜欢她的念头，就不会管她跟谁手牵手。当你对她没有兴趣时，如果她对别人微笑，跟别人聊天、牵手，你一点儿想法都没有。

你必须看到根本在哪里，至于怎么去化解，那是你自己的事，所谓"解铃还须系铃人"。是你自己挂在那边，不是她把你挂在那边。你喜欢她，就甘愿挂在那里，但是不能挂一辈子，要跟她表达。

这就是起心动念。因为你喜欢她，所以有一种去解读她跟别人相处、聊天方式的想法。因为你喜欢她，对她讲话的态度会不同，对她的作为也会不同。你可能有事没事就会从她眼前走过，看看她有没有注意你——如果她关注你，你的心就"咚咚咚咚"跳个不停。因为你有这样的认知和念头，所以很容易跟她建立联结。

喜欢一个人容易使人们困在执着里，不容易解脱和自在。不能说解脱一定好或者一定不好，但执着让人们难以放松。

如果你懂得觉察的话，就会看到根本所在。

第四十三节

活出一种无菜单料理的人生

在日常生活中，人们处理大部分问题的时候，都需要一个标准化流程、一种固定的模式。依循着这种流程或模式来办事可以省去很多精力，不用专门去思考，也不用担心后果的不可预测，这是人们生活的常态。

比如，你每天回家都要做饭。起初你可能很有兴致，每天买不同的蔬菜，换着花样地做，每天都在研究食谱。慢慢地，你做饭的兴致就变淡了，去市场买的菜就变成了固定的几样，做的菜也跳不出你最拿手或最爱吃的那几道。你的头脑里仿佛有个固定的菜单，每天从里面选出来一两样然后习惯性地炒出来，再习惯性地吃掉，一切都成了习惯，不需要思考。

类似的，你去餐厅吃饭时会发现，基本上每家餐厅都有一份菜单，菜单上面大部分都是固定的菜，偶尔会有一两道时令菜。每个顾客都会按照菜单来点菜。厨师每天做菜其实都是在重复。你如果经常去这家餐厅，时间久了会发现，自己点来点去总是那几道菜。

一般情况下，主厨会规定每一道菜都需要准备什么食材，应该按照什么顺序加工，以及火候该怎么掌握等。然后，每天会按照估算的量来采购食材，再把每种食材加工成半成品。一旦有客人点某一道菜，厨师马上就可以按照既定的流程把菜炒出来。因为一切都是预定好的，所以这道菜的味道也是固定不变的。经常点这道菜的客人，就习惯了这个餐厅的这个厨师做出来的这道菜的口味。

人们常常会处在一种慢慢标准化、模式化的过程中，而不自知。人们可能不会注意到，自己的人生中充满着"习惯了"——习惯了做固定的几道菜，习惯了去固定的几家餐厅，习惯了点固定的几道菜，习惯了和固定的几个朋友来往，习惯了讨论固定的几个话题……一切都在慢慢定型，也就是固化、僵化了。

随着生活模式的不断固化，人们的认知和思维模式其实也固定了，形成了一种框架很难跳出来，因此很难有新的创意、新的变化，甚至不愿意改变，惧怕改变。

但是你看那种受欢迎的餐厅，它往往每隔一段时间就要推出一些新的菜，给常客带来一些新鲜感。

有一种餐厅，很有特色。它们没有固定的菜单。客人来了不用拿着菜单来选择点哪几道菜，只需要告诉厨师今天几个人用餐。然后餐厅的厨师就会依据自己手上有的时令菜，做出丰盛的菜肴。这样就能让客人一直保持一种新鲜感、好奇心。

没有固定的菜单，才是最考验厨艺，这就要求厨师必须有很好的察觉、变化、创造的能力。他能觉察，愿意变化、创新就不会僵化，就能保持旺盛的活力。可以说，无菜单料理是厨艺的最高境界。

　　那么，你的人生是不是也能活出一种无菜单料理的境界呢？我们在做事时如果能不依赖于常规和习惯，那么人生就会更加精彩。

第四十四节

你是在重复别人的人生，还是活出了自己的人生？

我们如果留心去观察，就会发现，大部分人的人生经历是差不多的：出生后要上幼儿园，要去学校学习；成年后要工作赚钱，要结婚生子，一直忙碌到退休……大部分人都遵循着这样的生活模式。

如果有人不按这种常规来生活，做出跟大多数人不一样的选择，就会让大家觉得奇怪，甚至遭受非议。

作为社会人，基本上每个人都会将一些约定俗成的标准、习惯、模式内化，都被这些条条框框限制住了。因此，我们也成了社会中的"大多数"，无法成为站在"金字塔顶端"的人。

事实上，大多数人以为的"正常"，并不一定正常，真理有时并不是掌握在多数人手中的。

我们知道，很多成功的人都选择了与多数人不同的路径，他们在生活的时代和环境中都被视为异类。但他们坚持走自己的路，最终成功了，脱颖而出，成为站在金字塔顶端的人。

遗憾的是，多数人生活在习惯中，往往不能觉察到：多数人的选择未必是对的，多数人的行为未必是正常的，多数人认可的未必就是好的。

第四十五节

多元角色，多元功课

　　每个人在社会上的角色都是多重的，可以既是儿女，又是父母；还可以既是消费者，又是生产者；可以是学生、游客、员工……

　　而不同的角色又承担着不同的任务或功课，需要去完成。

　　我们当学生的时候，要学语文、数学等各种科目的知识——这是学生角色赋予我们的任务；同时我们是爸爸妈妈的孩子，子女的角色让我们要学会孝顺、听话；长大后我们也要为人父母，父母的角色会让我们面对新的"功课"、新的"修行"；在工作中，我们作为企业的职员，就要学会如何与同事、老板、客户打交道，如何履行好工作职责……

每个角色赋予我们特定的、不同的功课，能够激励我们通过不断学习来提升自己，直到获得足够的能力来驾驭这个角色。

可是，我们通常不会觉察到自己多元角色，更不会觉察到这些角色赋予我们的多元功课。

比如，每个人应该都当过学生，而且很多人一当就是十几年，甚至二十几年。但是扪心自问，又有几个人真正地扮演好了"学生"这个角色呢？对于学校里老师教授的知识、技艺，我们学到了多少呢？做人的道理记住了多少呢？

又比如，很多三四十岁的人，自己都已经为人父母，可是还没有做好"当儿女"的功课，不知道该怎么把"儿女"这个角色演好，不知道怎么跟父母和谐相处。这样的人往往在处理与子女的关系时也会存在问题，也扮演不好"父母"的角色。

　　我们会发现，当某一天，一旦失去了某个角色，我们就很难再从这个角色中得到能力的提升了，就会有很大的遗憾和未完成感。

　　不能完成每个角色赋予我们的功课，我们就会成为一个"半吊子"。如果把人生比作一瓶美酒，那么我们的酒瓶就是半空的，瓶子里面的酒也不够醇厚。

　　我们应当敏锐地觉知生活中属于自己的多元角色，以及角色赋予我们的提升自己的多元功课，并且要把握住它们，不要等失去时，才追悔莫及。

第四十六节

开关在同一处

所谓开关在同一处，就是说出现问题的地方，其实就是化解问题的地方。

你如果能够透彻地了解一个问题，那么解决办法自然就会浮现出来。如果找不到解决办法，就说明你对问题了解得不够，不知道问题的根本在哪里。

你需要找到根本的认知想法，发现最初是在哪里起心动念的，要去发掘埋在内心深处的东西。

你只有看到问题，才能决定如何对待它——才知道应该放过它。如果你能放过它，那么它也会放过你。

烦恼与智慧在同一处。智慧一出来，烦恼就不见了；没有智慧就会烦恼。当你找到自己烦恼的根本所在了，智慧也就出来了，烦恼也就不见了。

在人生道路上，有时候，跌倒的地方也是你再站起来的地方，是重生的地方。有所挂碍的地方，也是你解脱的地方。

所以说，开与关在同一处。

但首先，你要有觉察。如果没有觉察，你就会疲于应对自己的烦恼，无法将它放开。

如果你能够慢慢静下心来，观呼吸，去寻找自己的坏情绪、烦恼的最初的那个源头，就可以找到最初那个隐微的起心动念之处，然后就能够将它化解。

第四十七节
让毛毛虫成为蝴蝶

蝴蝶是从毛毛虫蜕变而来的，但二者有很多不同。

从生活领域来看，毛毛虫就生活在几片树叶上，对它来说，世界就是树枝和树叶。它就像井底之蛙一样，生活的领域很狭小，因此眼界也受到了限制。蝴蝶可以自由飞翔，花丛、森林、草原……到处都是它的舞台，所以它的视野、格局是很宽阔的。

从生存模式来看，毛毛虫主要通过啃食植物维生，它爬过的树叶会被撕啃、破坏，变得千疮百孔。它赖以为生的手段是侵占、毁坏。而蝴蝶在花丛间翩翩起舞，不时去吸一点儿花蜜，顺便还能帮植物授粉。它与环境中的植物是和谐共生的。

毛毛虫变成蝴蝶之前要经历一系列蜕变，要蜕皮，要结一个茧把自己关在里面，经历漫长的周期，彻底改变身体的结构，最终才能破茧成蝶。

从毛毛虫变蝴蝶的过程不是长出一对翅膀那么简单，而是基于内部结构的质变，由内而外的彻底改变。因此它们的生存环境、生活模式也会完全不同。

蝴蝶经历过蜕变，所以可以理解毛毛虫的世界；而毛毛虫却无法理解蝴蝶的世界。

如果蝴蝶要去跟毛毛虫分享外面世界的风光景色，那肯定无法让毛毛虫理解。

我们在没有实现人生的蜕变和升华前就好比一条毛毛虫，是无法理解蜕变后世界的美好的。

那么，如何才能让毛毛虫理解蝴蝶的世界呢？答案只有一个，就是努力成为蝴蝶。只有经历了作茧、蜕变，成为真正的蝴蝶，它才能够体验蝴蝶的世界和蝴蝶的快乐。

　　语言文字有时候很无力。或许，比"告诉它"更有效的办法是"看着它"——让它去经历，去体验，去悟。

第四十八节

不断审视自己的成长

正如不是每个人都能实现蜕变，即使经历蜕变也不一定会变得更完美。

令人厌恶的毛毛虫可以蜕变成美丽的蝴蝶；但是，同样是经历了质的改变，蛆却变不成蝴蝶，只会变成苍蝇——仍然令人厌恶。虽然都能自由地飞，但是蝴蝶喜欢在明媚的花丛中翩翩起舞，而苍蝇总是在阴暗脏乱的角落乱飞。

这个比喻虽然有些残忍，但揭示了蜕变的两种方向。

所以我们在成长的过程中要不断地去审视自己，看看自己有没有蜕变，做出了多少改变，成长了多少，提升了多少，自己的心智看世界的眼光有没有改变，对待他人的态度是不是不同了……

如果你的家人或朋友做了什么事，说了什么话使你产生了情绪。这个时候，你应该马上察觉到自己的情绪，然后审视自己，看看自己的认知和心智处在哪个阶段，在向哪个方向成长，觉得自己更像什么。

第四十九节
生命一直在蜕变

人生总是要不断蜕变、成长，无论是蝴蝶还是苍蝇，都要好过只能爬行的虫子，因为它们至少有一对翅膀，可以乘风扬升。

无论如何，体验、经历一场蜕变是很可贵的。有过一次，才可能有第二次、第三次和更多次蜕变。

每个人的生命都有阶段性，在不同的阶段有不同的生命状态。但每个人在每个阶段停留的时间都各不相同。

如果你觉察能力高，就能够注意到别人和自己生命状态的变化。我们可以透过自觉或觉他来了解自己的蜕变情况；也可以通过自己和他人之间的关系、和环境之间的适应程度，以及别人的态度来推断自己是不是在提升。

第五十节

要有求证的心智模式

人们对于自己不熟悉的事物往往会抱有一种怀疑的态度。怀疑本身不是什么坏事，可是不能"到此为止"——你还需要"问"，也就是去求证。

如果有了问题却不去弄明白，就在心中打了个结，设置了一个障碍，使自己无法在这条路上舒畅地行走。

《论语》中说"不知为不知，是知也"。如果你不知道，有怀疑，就应该表达出来，并且应当去寻求答案，直到弄清楚，这样做才是真聪明。

道理大家都听过，但是在生活中，人们往往会隐藏自己的问题，装作很聪明，不想让别人觉得自己无知、自己笨。

　　上学的时候，老师讲完一个知识点，就会问："大家有没有问题？"大部分人都会回答："没问题。"但是，实际上很多人脑子里还有一些问号，只是大多数人不愿意去求证，不愿意去寻个究竟，结果给自己埋下了很多隐患。

　　在生活中，如果你只停留在怀疑这个状态，不去求证。那么你可能会错过很多从你身边路过的老师，甚至会留下遗憾。

　　怀疑、猜疑本身不是问题，而是一种保护手段。但如果只停留在怀疑这一步，不去继续求证，就有问题了。

第五十一节

你本来就很美好，把它活出来就是了

每个人都有"自我"，还有一个"真我"。这个"真我"具有良心、智慧。它一直都存在于我们身上，不过我们常常会忽视它。

当你看到一个孩子不小心跌进河里时，如果不假思索地去救他，这就是良心在发挥作用。这是你的自然流露——如果没有人提醒，你自己是不会注意到的。

可是如果你在救人之前多花几秒钟去思考：我的水性是不是不够好？万一我自己被拖累，游上不来怎么办？如果没能把他救起来，我会不会反倒被他家人责怪……考虑一下"我"，理智和自我就占了主导，赶走了真我。

自我与真我都存在于你的身上。当你忘记自己的时候，你的真我就会做主，你的慈悲之心、大爱就会显露出来，只不过你大部分时间都在关注那个"小我"。你应当发现，自己其实很好，只是你不知道自己这么好。

既然这些好的部分早就存在，那么接下来，你就应该活出那个好的部分！

首先，你要发现、觉悟，领悟自己的美好。其次，你要践行这份美好。

教育的意义就在于启觉人们去发现自身的美好。

你本来就是美好的，只要把自己本真的东西活出来就行了。你具有美好，便活出美好；你具备良心，便活出良心；你有内在的智慧，便活出智慧来。

第五十二节

每种情绪背后都有你的认知、想法、在乎

很多人都有掌控不了自己情绪的时候。控制情绪的能力跟人们的身份、地位、知识储备没有太多关系。很多人虽然学了好多知识、道理，却总是拿自己的情绪没办法，容易陷入不好的情绪里面，发起脾气来就不管不顾。

有些人觉得个性是天生的，所以对于脾气不好、容易产生情绪的情况，自己是没办法控制的。

其实，这样想的人未必真正了解自己，也就没办法用对自己，妙用自己。

当我们能够觉察和控制自己的情绪时，我们的生命状态将得到升华。

要做到觉察和控制，首先要弄明白自己为什么有情绪。

有情绪是因为在乎。每种情绪背后都有你的认知、想法和在乎的事情。

你的"在乎"就像一个开关，一旦被触碰，你情绪就出来了。

你越在乎，情绪就越激烈，也会维持得越久。

人们常说，一个人活不出自己想法以外的人生。如果想要让你的人生变得更好，就要试着去改变自己的认知、想法，然后去控制自己的情绪。

第五十三节

活出生命的艺术

我这个人比较浪漫，在生活中有时候会不太实际，而老婆则是务实派。

有人可能会觉得这样两个性格完全相反的人在一起会很难相处。而事实恰巧相反。比如，我经常会忘记缴费，老婆把每个月的账单都整理得很清楚，会按时缴费，从不跟我计较。我从她身上学到了她的格局，会拿出很大一部分收入让她打理。在彼此的关照下我们的生活可以很好地维持平衡。

阴阳是既对立又统一的。懂得生命的艺术，就可以到达阴阳统一的境界。

　　所以，当你遇到一个跟你相反的人时，你需要清楚地知道，你们之间的天平不能偏左，也不能偏右，而是应当保持平衡。

　　生活是一门艺术，可是人们常常会把它演成一部宫廷剧。生命应该在和谐的环境中成长。生活伴侣应该彼此点亮心灯，活出生命的艺术。这就需要两个人不断发现对方的长处，从对方身上学习，由此使彼此的生命、生活达到平衡状态。

　　生活的艺术还可以放大来讲。例如，我每次一回老家，整个家族就会热闹起来，因为我很活泼，总喜欢给大家讲笑话，讲故事。我如果跟老家的人讲大道理的话，他们肯定会打哈欠，因为他们听不懂。他们不知道我是做什么的，我也没有办法把我所理解的世界告诉他们。我把自己写的书送给他们，他们不拿来看而是在泡面的时候拿来当盖子。我不会因此而愤怒，因为我觉得这样也好，至少我的书还是有用的。

　　生活需要一点儿艺术，需要开阔的心胸，需要我们彼此包容、尊重。

第五十四节

活出幽默感，活出智慧

如果有人夸你最近很帅（很美），你会不会觉得"最近"二字有点刺耳？你可能会想，他夸我最近很帅（很美），难道我以前不帅（不美）吗？人人都有漏洞。如果对方一直抓住你的漏洞，那么你的赞美也会变成讽刺。你夸一个女孩子最近很漂亮，她会想你觉得她以前不漂亮。有没有这种无聊的人？遇到这种人，你都不知道怎么跟他讲话。你夸你的家人："你最近做的菜很好吃哦！"对方可能会回你一句："难道我以前煮的吃了会吐啊？"我们不知道他是不是在耍嘴皮子。反正人就是有这种无聊的特质。

你的名字也会生出别样的幽默。比如包松考这个名字就可以解释为"我包你轻松考试"。这个人甚至可以去卖文创产品，比如考试的平安符，上面写"包松考"，包你轻松考试，就像日本寺庙里卖的那种平安锁。我想说的是，生活处处是幽默。

你要有幽默的心智，不要去挑别人话里的毛病，要幽默以对。当别人说："你最近比较漂亮哦！"你可以幽默地回他："你说我以前漂亮，现在更漂亮，是不是？"有时候，幽默化解就是一种智慧，一种生活的智慧。

第五十五节

生命为何而来？

大家应该都看过宋代名画《清明上河图》，五米多长的画卷中包含了人生百态，包含了很多场景、很多境。

如果你的悟性够高，能够觉察、体验《清明上河图》中的种种情境，那么你就能够理解生命、生存、生活，乐知天命，走向彼岸。

其实，每个人当下仿佛就置身于《清明上河图》之中，正在经历其中的某种境，但是很少有人能够悟出来。

大部分人纵使经历过生老病死也不一定能够明白生命为何而来。因为人们很少去思考这个问题，没有时间去悟。

年轻的时候，你忙于学习，每天想着的都是"今天的作业做完没有""明天有没有考试"……很少有时间去思考人生。随着年龄的增长，阅历的增加，偶尔会产生这样的疑问：人生真的需要这么忙吗？我到底在忙什么？生命到底是什么？但是紧接着，就会有很多实际的事情，比如来了一单生意、家人有事情找你等，把你拉回到现实中，让你脑袋中充满琐碎而实际的念头。

常听人说，如果有什么想不开的，就去重症病房或者火葬场看看，这样就能看开一切，不那么计较了。只有在面临生离死别的时候，人们才会静下来思考关于生命本质的问题。

第五十六节

一半白天，一半黑夜

每个人生命的长度不同，生活的环境也不同。但是，人与人之间也有很多相似的地方，比如大部分人每天都要经历黑天与白昼。

我们会发现，很多人生活的状态和生活的环境很像：半黑半白，半明半暗；时而清醒，时而糊涂；好事做一点儿，坏事也做一点儿；有时候还挺讲道理的，有时候却挺野蛮的。

我们所在的环境除了有黑夜、白昼的更替，还有四季之分——春夏秋冬。这也很像人类生命的状态——生老病死。人的心情也和四季很像——有时候平静、愉悦；有时候热烈、激动；有时候有些凄凉、感伤；有时候严肃、冰冷。

　　这样看来，生活的环境和我们的内心状态很契合。

　　不过，有一句话叫境由心造。人有觉知、创造、改变的能力，人类从钻木取火开始就懂得了改变环境，电灯的发明可以让我们在黑夜却仿佛置身白昼。

　　人们觉知创造的能力就像灯，有些人可以产生很多光源，发出很亮的光，照亮很广阔的空间；有的人只能点亮一两盏灯，只能照亮自己眼前的一小片地方。

　　我们通过提高自己的觉知能力，可以让白昼更长，可以让自己保持清醒更久，可以让自己做更多的好事情。

第五十七节

活在已知中与探索未知

AlphaGo，也被我们称为"阿尔法狗"，是第一个战胜围棋世界冠军的人工智能机器人。

2016年，阿尔法狗与围棋世界冠军、职业九段棋手李世石进行围棋人机大战，以4比1的总比分获胜；2016年末2017年初，经过改良的阿尔法狗在棋类网站上以Master（大师）为注册账号与中日韩数十位围棋高手进行快棋对决，连续对弈60局无一败绩。

阿尔法狗的主要工作原理是"深度学习"。它针对人类顶尖棋手的思维模式进行模拟、学习，另外还有数万篇的棋谱作为大数据。它可以在一夜之间跟自己模拟下棋数万遍，从一步棋就可以预见后面所有的可能性。

这种基于大数据的"穷举法"是有所依循的——必须依赖于人类的经验。无论多么强的人工智能程序，如果离开强大的数据库支撑，都是无法与人类匹敌的。

后来科学家又发明了AlphaGo Zero，我们称它为"阿尔法元"。它与阿尔法狗的不同之处在于，它基于一种新的算法，不依赖人类的大数据，不参考人类的思维模式，从零开始，完全靠自我对弈学习下棋。它仅经过3天的训练就以一百比零完胜阿尔法狗。

阿尔法元采用了一种自我摸索、探索、学习、启觉的思维模式，把高维度的问题自动降维，瞬间就把如宇宙星辰般的搜索空间压榨到很小。

阿尔法狗是"活"在已知中，但是阿尔法元可以探索未知。

接触过打麻将的人应该都知道，往往是初学者容易赢牌。原因就在于他不会按照逻辑出牌。所以说，未知往往可以打败已知。

　　活在已知里面，做什么都有规矩、有套路。我们如果
觉察到自己是这样的，就要时刻提醒自己应该跳出已知，
去探索未知。

第五十八节

从肚量到心量

　　你用一根管子去衡量天，是无法了解天的，正所谓以管窥天。自以为是的认知就好比一根管子，让你无法得知全部真相。

　　如果你同意我的说法，那么我想你很快就会觉察到自以为是的认知，然后慢慢变得不再自以为是，开始接受、包容跟你有不一样想法的人。你知道自己不是真理的化身，所以你可以放下自己的执念。

　　我们要从肚量进入心量。那我用的是什么桥梁呢？对自己不真、不足的认知。我用"看到自己的不真、不足"这座桥梁，放下自己的执念，接受、包容跟我不一样的人。我透过这座桥梁，了解自己的不足、不完整，了解自己的局限。

正是有了这种了解，我才能放下自以为是的标准。我放下自以为是的标准，因此我能够打开自己的肚量，进入比较宽广的心量。我通过这个维度来成长。

从肚量进入心量是一种成长。放下本身也是一种成长。

第五十九节
一切皆在转念之间

很多人与父母、伴侣、子女相处得不好，就会给他们贴上"冤亲债主"的标签。这实际上就是一种攻击。

有时，人与人之间的关系越亲近，就越容易产生矛盾。产生矛盾就会互相看着不顺眼。孩子不听话了，父母就觉得他生下来就是来讨债的；孩子受到了父母批评责骂，也觉得他们是在折磨自己。

在工作单位时也总会遇到与我们关系不太融洽的人，比如爱推卸责任的同事，爱让人加班的上司……你会不会也给他们贴上类似"冤亲债主"标签呢？

如果一个人把身边接触的人都当作"讨债鬼"，那他的生活一定很不如意，如活在炼狱中一般。

但是我们可以反过来想：既然一个人有能力把人间变成"炼狱"，那么他其实也有能力把"炼狱"变成"天堂"。这无非就在一个转念之间。

我们可以换个角度来看：他不是来讨债的，而是来教育我的；他是我们的生命伙伴，会在生命历程中陪伴我们走过一段或长或短的路。

转念之后，你就能从抗拒变为感恩，人间皆为美好。这就是我们常说的"一念天堂，一念地狱"。

所以转念的力量很重要。

第六十节

多一点儿包容，少一点儿自以为是

一个自以为是的人，总是以自我为中心；他总是会以僵化的认知去看待外界的一切，就像一块石头，没有办法改变，也很难接受外面的东西。

我们在与人相处的时候，不要总觉得自己都对，错都出在对方。

其实每个人过得都不容易，而跟一个自以为是的人在一起生活就更不容易了。

如果我们跟自己身边的人之间发生了不愉快的事，不要急着指责对方，而是应该换个角度来思考一下：别人愿意跟自己这样的人做夫妻吗？愿意跟自己这样的人共事吗？可能我们会发现，跟自己这样的人相处起来其实挺难的。

　　人与他人在相处的过程中应该多一点儿包容，不要总是以自己为中心，少一点儿自以为是。

第六十一节
当宇宙、天地永远的学生

东方有一句话叫"教学相长"。你知道,有一种人是最危险的,那就是老师。因为没有人再教他了。当学生的优势是什么呢?随时被提点,你应该怎样,不应该怎样。学生被提点、被教育是很正常的。可是当你站在讲台上之后,别人就不好意思说你了。你在讲台上站久了之后,你也以为自己很好,也没有人敢说你。如果这时候你没有一份自我觉察、自我反省、内观的能力,那么你是非常危险的。

我在给别人上课的时候,会随时坐在台下当学生。我随时会坐在地上、坐在椅子上。只要谁上来分享,他就是我的老师,我就好好地去听课。我发现,每一个人都是我的老师，就像古人说的"三人行，必有我师"。人生就是一个大讲堂，大讲堂里有很多人。基本上每个人都在教育你。爱你也好，恨你也好，打你也好，在意你也好，不理你也好，别人都是你的老师。当你这样想的时候，你是不是一直在当学生，是不是一直在成长？再往大了说，你可以当宇宙天地永远的学生。

第六十二节

木头人与超导体

一天，一个男人下班回到家中，妻子在他眼前走来走去。男人觉得很奇怪。过了一会儿，妻子问他："你有没有发现什么？"他答道："没有！"妻子让他再看看，他还是没有什么发现。然后妻子就生气了，对他说："我换发型了！这么大的变化你怎么都看不出来？你是木头人啊？"

类似的事情大家可能都见过。日常生活中，我们常常把那些愚钝、悟性差、怎么提点都点不醒的人叫木头人。

这个叫法真的很贴切。我们都知道，木头是绝缘体，电阻率极大，即使在较强的外电场的作用下也无法形成定向的电流。木头人对于外界传输的信息也是"绝缘"的。

比如说，同样是坐在教室里听老师讲课，有些人明明一个字不漏地听老师讲课，但是只能听懂百分之十，甚至更少。而他能够付诸行动的部分百分之一都不到，绝大部分内容都在他的内部被消耗了。

还有一种人悟性很高，他们就像"超导体"（电阻接近零），可以全然地接收外部能量，并将其全然地传导出去，不会在内部消耗能量。

大多数人都是平凡的，属性介于"木头"与"超导体"之间。对于别人讲的道理、信息，虽然可以听懂、接受，但是不一定能悟出更深层的含义，也很难去践行。能量的传导会在我们这里打折扣。

但是，一些材料在特定的温度条件下可以降低电阻，甚至成为超导体。木头并不是绝对的"绝缘体"，它在一定的条件下也可以传输电流。

我们只要去改变，去调整，就可以提升自己的悟性，降低自己的内耗。

第六十三节
走脑与走心

你去饭店吃饭，觉得某个菜好吃，于是你又叫了一份打包，拿回去给伴侣吃。这便是走心。你回去告诉伴侣街口有一个饭店的某道菜很好吃，这叫走脑。

在泡茶的时候，假如你说某种茶很好喝，是哪一座山上采的，制作工艺如何，这是走脑。如果你跟对方说等下回去请带一小包茶回去品尝，这叫走心。

你和对方肚子都饿，但是你把眼前的大面包给了对方，小面包留给了自己，这叫走心。如果你把两个面包一切两半，一人一半，这叫走脑。

明明自己也有点冷，但是你拿了一条围巾，对上课的老师说："老师，有点冷，赶快披上。"这叫走心。你还可以说："来来来，老师，一起披吧！这样你也不冷，我也不冷。"

学生上课打瞌睡，你吼他："起来，马上讲完啦！"这是走脑。如果他已经注意力涣散了，你对他说："好吧，你早点睡吧，明天再听讲吧！"这叫走心。

其实在很多情况下你也走心，只是没有觉察。你不可能不走心，因为你不是机器人。只要是人，基本上都会走心，区别只在于明显不明显，或者你有没有觉察到。

第六十四节

疯子和傻子

　　有时候人们总觉得自己很聪明，其实，只是做了傻事而不能自知。

　　有个笑话说，一个心理学教授去郊区的精神病院了解病人的生活状态。当他要离开时，发现自己的一个车胎被人卸掉拿走了。"一定是哪个疯子干的！"教授愤愤地想，拿出备用胎准备装上，可是固定车胎的螺丝也被拿走了。教授正在一筹莫展之际，一个精神病人走了过来，问教授遇到了什么事，教授出于礼貌还是告诉了他。那个人哈哈大笑，说："我有办法！"然后，他从每个轮胎上卸下了一个螺丝，用它们将备胎装上了。教授感到很震惊，问他："你是怎么想到这个办法的？"那个人哈哈地笑道："我是疯子，可我不是傻子啊！"

很多人都喜欢用一种高高在上的姿态去审视别人，殊不知自己可能还不如别人。

再来看一个哲理小故事。有一个人问禅师："怎样才能保持快乐？"禅师说："不要跟愚人争辩就可以。"那个人说："这不可能！不跟愚人争辩怎么就能快乐呢？"禅师说："你说得都对。"

我们应该时常提醒自己，不要总是自以为是，蒙蔽了心智。

第三章

提高觉察力，处处是明师

自性自度

第六十五节

我们大部分时间都在反应，而不是主动作为

我们在一生的大部分时间中都在反应而不是主动作为；我们习惯于被动地做出反应，而忘记了为自己主动去做。

仔细想一想，你在生活中所做的很多努力其实都是因为别人的行为、意见或评价。比如，看到别人赚了很多钱，你会跟他攀比，然后更努力地去赚更多的钱。又比如，很多大学生选择某个专业都是因为这个专业好就业，而不是因为自己对这个专业感兴趣。

我们习惯了应对，总是忙于做出反应，却忽略了生命的重点，忘记了自己真正的需要。

其实，在灵魂深处，我们根本不在乎自己赚多少钱，甚至不在乎生活条件的好坏。在乎这些的是我们的理性一面。

活在理性的欲望中会让内心无法觉醒。

如果我们的心智模式总是停留在反应层面，我们就会疲于应对，我们的视线就会被眼前的琐事遮住，而"短视近利"。

那么人生只能是这样子的吗？你希望自己的人生只是这个样子的吗？

第六十六节
作用力等于反作用力

　　当一个人走过大江南北后，他的心胸、他的格局会更宽阔；他不会迷恋或执着于一个地方；他的心不会停驻在一个地方。

　　一个闯荡过大江南北的人，往往有着侠客的气度，愿意与人分享，不执着于物，没有太强的占有欲。

　　你会发现，一个人越是愿意分享，就越富有。有时候，富有是"给"出来的，不是"抠"出来的。

　　这个"给"不光是指物质方面的，也包括时间、精力等方面的付出。

　　人们都知道，两个相互作用的物体之间一定同时存在着作用力与反作用力，这一对力总是大小相等，方向相反。

在人与人的交往中也存在着这样一对力。因此，付出的越多，拥有的越多。

比如说，如果在别人遇到困难的时候，你愿意付出时间、友谊、关心去帮助对方，那么相应的，就可以得到对方的感激、信任、友情。

这不就是"作用力等于反作用力"吗?

第六十七节

情感都流露不出来，本性怎么会流露出来？

在生活中，你有没有给自己机会流露一下本性？

让自己流露一下本性，可以从亲情开始。

你有多久没有陪妈妈去市场买菜了？你有多久没有拥抱过你的爸爸妈妈了？

你不妨找时间试一试，拿着手提袋，牵着妈妈，对她说："妈，我们去市场。"这一定很让她吃惊。

你也可以找时间流露对爸爸的爱。或许拉手、拥抱这样的亲密举动对爸爸来说不太合适，但是你可以陪他下棋、喝茶。

这是一份生命的联结。

很多人为了自己的事业会到离家很远的地方工作，一年可能只回家看望父母一次。这便是流露情感的最好契机。在这个时候，给爸爸妈妈一个拥抱，绝对不会尴尬。在你小的时候，你的父母，特别是妈妈总是将你抱在怀中；现在你长大了，也应该给她一个拥抱。起初，她可能会有些不适应地"哎哟"一声，但是拥抱的次数多了，她也会主动拥抱你。

你总是要创造一种机缘，让自己的情感流露出来。

情感都流露不出来了，本性怎么会流露出来？

让自己的情感流露出来，是做人的基本要求。其实我们都是可以做到的。

第六十八节

不要因为别人不礼貌，失去自己该有的礼貌

　　我的夫人养了一只小狗，她对它很好，把它当宝贝。我和这只小狗虽然同住在一个屋檐下，但是很少互动。我偶尔会逗它，跟它讲话，它也不怎么理我。有一次我夫人出差，只好由我来照顾它，我每天要带它出去遛弯，给它喂食，给它梳毛。在夫人回家之前，我和这只小狗的关系就变得很好了，我叫它的名字，它就会"汪汪"叫着跑到我跟前。

　　都说动物是通人性的，你对它付出了情感，它也会对你好。这种付出与回馈是相互的，正如前面所说的作用力等于反作用力——人与人的相处之道也是如此。

在社会中生存，总免不了与各种各样的人打交道，我们要时刻记得"作用力等于反作用力"的道理，也要时刻保持觉察力，不要被其左右。

比如说，人们都不喜欢不礼貌的人。假设看到一个同事后，我热情地跟他打招呼，他却没有理我；第二天我又跟他打招呼，他还是不理我；到了第三天我可能就不再跟他打招呼了。如果这样，我也变成了一个不礼貌的人，变成了一个自己不喜欢的人。

我们应该提升自己的觉察力，不要成为自己讨厌的那种人。

不管别人是不是给出回应，我们都应做好自己该做的，不要因为别人的不礼貌，失去自己该有的礼貌。

第六十九节

提高觉察力，处处是明师

通过"觉"的提升，我们可以从别人的生命状态中了解到什么是好的，什么是不好的，然后去学习那些好的，警惕那些坏的。如此，别人就可以成为我们的老师。

儒家讲，"三人行，必有我师"。他人身上总有些东西值得学习。甚至，一景、一物、一花、一叶……都可以教给我们很多道理。

有一次，我从上海坐飞机回家，上海的一些伙伴来机场送我。由于时间还早，他们请我喝了杯咖啡。

那个机场里的咖啡，最便宜的也要三十七块钱。我喝的时候不舍得"咕咚"一口喝光，而是慢慢地品，品之前还要先闻，享受咖啡的那种香气。闻一会儿，才"啧啧"地品一小口，然后再闻一会儿……

在这个过程中，我突然产生了一种想法：假如我就是这杯咖啡，而别人正在品尝我，那么他们会不会闻一次就不想再闻，喝一口就不想再喝，下次会不会不再点了？

很多人点了"我"这杯咖啡，并且品尝了"我"这杯咖啡。那么"我"到底是一杯什么样的咖啡呢？别人对我的看法是什么样的呢？别人会像我对手中的咖啡一样将我细品，还是会将我放在一边不再理睬呢？

这杯咖啡让我对"为人处事"有了新的领悟。

生活中的点点滴滴都能给我们带来启发。老师、明师未必是人，还可能是一种食物、一片叶子……

比如在"乌鸦反哺"这个故事中，乌鸦就是能教给我们"孝道"的那个老师。如果你明白了我举的那个例子，那么一杯咖啡就变成了你的老师。

只要提高觉察力，你就会发现处处是明师。

　　生活中，我们要努力提升觉察的能力，不仅要借外观内，还要通过外在的一切来教育自己。只有这样，我们才能不断地成长。

第七十节
别人是你的一面镜子

　　我已经有几十年没有当过学生了，这些年一直站在讲台上当老师，给大家讲课，早就忘记了当学生的感觉。我一直以为学生坐在下面听课是一件很轻松的事情，直到有一次，我坐在台下当学生，听别人做分享，我听了十分钟就想睡觉了。我发现当学生真辛苦，即使老师的课讲得很枯燥，也要强打精神去听。

　　有了这次经历，我就能够去觉察：一个老师如果没有一定的水平，听课的学生很容易打瞌睡。所以，作为老师，如果看到学生听课的时候打瞌睡，不要觉得是学生懒惰，而应该觉察到自己是不是讲得没有吸引力。

通过觉察和反思，你可以清楚地了解自己，看到属于自己的生命状态。可是，站在自己的立场去觉察是很难看清自己的生命状态的。有时候你需要别人提点或与别人比较，需要通过观察周围的人来看清楚自己。

所以说，别人就像一面镜子，让你能够照见自己。

假设你发现，某个人对你总是摆出一副冷面孔，你的第一反应可能是认为对方有问题，觉得这个人不好相处。

其实，这样想是错的。你应该自我反思，应该去觉察，把他当成一面镜子，问问自己：为什么我会照见这样一副面孔？你可能会发现他对有些人是和颜悦色的，但对你不苟言笑。也就是说他跟别人相处时没问题，只是跟你相处得不好。那么你就应该先从自己身上找问题。

打个比方，有人把盐水洒到你的手臂，你觉得很痛，想要骂他。如果你有一种反思的自觉，就会反观自己，也许你会发现，原来我手臂上有一个伤口。正是盐水带来的疼痛让你注意到了伤口。如果你觉察到这一点，就不会骂他，反而要感谢他了。

如果能够通过别人对你的态度和行为来反观自己，你就会明白：原来我是这样的人，原来我有这样的问题。由此，你就会对他人心怀感恩而非不满。

你应该借外在的事物来看见自己，借外观内。

第七十一节
且慢出口、且慢出手

　　每个人都会有想法，有情绪。有了情绪，就想发泄出来，想骂人甚至动手打人。我们在有情绪的那一刻，通常不会觉察到自己的情绪和行为，更考虑不到后果。然而当情绪宣泄完之后，我们往往会产生"早知道就不这样了"的想法。

　　为什么我们没有"早知道"呢？为什么我们总是会事后反省，追悔莫及？这是因为在情绪爆发出来的那个时刻，我们没有对内在的觉察。

　　这份往内看见的能力是要学习的。我们称之为觉知。

　　平时人们都在为眼前事忙碌着，没有办法静下心看见自己的变化，也就没有办法觉知，往往会为自己一时冲动所说的话、所做的事付出很大的代价。

我认识一个朋友，他有一侧的耳朵几乎听不见了，据说是因为小时候，他爸爸为教训他打了他一巴掌，下手太重导致的。这种后果就是不可挽回的。想必他爸爸比谁都后悔，但是也于事无补了。

因此，每当我的孩子不听话惹我生气时，我在抬手打他之前都会用这个故事来警告自己，让自己能够敏锐地觉察自己的情绪，能够及时阻止情绪的爆发。这样才能做到"且慢出口、且慢出手"。

第七十二节

了解他人，了解自己

我们在与人相处时，要尽可能多地了解对方。

了解是为了什么？了解不是为了控制别人，而是为了更好地与别人相处。

夫妻之间增进彼此的了解，可以让关系更加融洽；老师增加对学生的了解，可以因材施教；管理者增加对员工的了解，可以做到知人善任。

每个人都具有不同的个性。在与人打交道的时候，如果我们不了解对方，就可能用不适当的方式与他相处。这就好比，让一个不会煮饭的人去当厨师，其结果不想而知。

了解他人的重要性不言而喻，但更重要的是了解自己。

其实很多人都不够了解自己，不懂得如何自处。只有充分了解自己，我们才能善用自己的个性，进而活出更好的生命状态。

第七十三节

给别人空间也是给自己空间

　　人们都想拥有属于自己的生命空间，这样才有可能活得自由开阔。

　　人如果没有空间去做自己想做的事情，一定会感到有压力。

　　人们喜欢自由开阔地生活，却常常会约束别人，让别人失去自由发展的空间。比如对自己的孩子要求很严格，给他制定这样那样的规则，告诉他可以做什么，不可以做什么。

　　你想活得很自由开阔，难道你的孩子不想吗？难道他愿意一辈子都活在家长的期待和规划中吗？难道他不该有属于自己的生命空间吗？

在我爷爷奶奶生活的时代，大部分家庭都是有好几个孩子，日子过得很贫穷。大人常常因为忙于生计，没有时间管孩子，这样反倒给了孩子们开阔的空间。所以那个时代即便物质条件没有那么好，孩子们的幸福感也很高。

现在生活条件好了，很多家庭只生一个孩子，爸爸、妈妈、爷爷、奶奶、外公、外婆六个大人围着一个孩子转，把孩子的时间安排得满满的。孩子哪里还有自己的空间呢？这样的孩子真的幸福吗？

所以一定要记住：幸福需要空间。

给别人空间也是给自己空间。

第七十四节

以赚到的心态看失去

在生活中往往会有得也有失，有好也有坏。不过所谓的"好坏""得失"其实都是我们自己定义的，并不是绝对的。

从二元论的观点来看，有得必有失，有失必有得；好与坏、得与失是并存的。

有很多人觉得生病是"失"，但转念想一想，生病也是"得"，因为生病给了我们一个重视健康的机会，还让我们得到很多人的关心。

同样的，从失败中我们也能有所收获，可以得到宝贵的经验。

换一种心态，我们就会发现，失就是得，无论结果如何，我们都赚到了。

"以赚到的心态看失去"是一种智慧，是生活的艺术。

第七十五节

不放过别人，却让自己失去了自由

在生活中，我们有时候会"得理不饶人"，执着于一个道理，框住了自己，也框住了别人。

举个例子，一个阿姨在做饭的时候发现家里没有盐了，来不及去买，就向邻居借一些。这个邻居刚好有一包盐，就借给了她。但是，这个阿姨忙起来就忘记了借盐这个事，一直没有把盐还给邻居。邻居却一直记得别人欠自己一包盐这件事，而且每天都在想："她怎么还不还我的盐？"又不好意思提醒那个阿姨。就这样过了一年又一年，邻居一直惦记着那包借出去的盐，耿耿于怀，觉得隔壁阿姨做了对不起自己的事情。

其实，这些年来隔壁阿姨逢年过节会送些东西给他，出去玩也会带一些特产送给他，这些东西加起来的价值可以抵得上好几百包盐了。但是邻居觉得送归送，借归借，不能相抵。他执着于"有借就有还"这个道理，不放过别人。

其实只是一包盐而已，何必让自己一直过得不开心呢？

而反观自己，在我们的生活中是不是也有这样的"一包盐"？

不妨换个角度来想：不过是"一包盐"，就当是我送她的。

再举个例子，我用手抓住一个人不放，想要控制他。在这种情况下，他虽然被我抓着不放，但是他可以打瞌睡，可以打电话，可以到处走动……但是我不行，我要紧紧抓着他，不然我担心他会跑掉。他去哪里我都要跟着

去，因为怕他脱离我的控制；但是我却不能去自己想去
的地方。

　　抓住别人不放，到头来只会让自己失去了自由。

第七十六节
爱你的敌人

为什么说"要爱你的敌人"呢?

我们可以这样去想,敌人就是来考验我们的人。他们每天盯着我们,注意我们,专门发现我们身上的缺点、问题、弱点,然后攻击我们。他们等于在免费研究我们,让我们意识到自己身上的问题。我们可以把他的攻击当作提点,弥补弱点提升自己。

这样看来,敌人其实就是帮助我们的人,让我们可以更快、更好地成长。

第七十七节

身边无伟人

常言道"近庙欺神"，如果有一座寺庙香火很旺，你去观察，往往会发现，大部分香客都是远道而来的，很少有住在附近的。因为住在寺庙附近的人每天都能见到它，觉得它很寻常。

"身边无伟人"和"近庙欺神"所体现的心理差不多。

比如说，有些人通过努力奋斗，获得了成功，在别人眼里很风光，受到很多人崇拜，但是他在家中，并不会被家人赞美。因为在他父母眼里，他或许就是个学习成绩很差的孩子；在他的妻子眼中，他或许就是个吃完饭不刷碗的懒虫。

　　人心是很奇怪的，千里之外有的一个不认识的人成了富翁，对于我们来说是很好接受的；但是换成我们的同学或者同事飞黄腾达了，我们的心里就会不平衡，我们会想：他以前每天都抄我作业，凭什么混得这么好呢！

　　人性往往如此，一般人很难看到身边人的优点。这种心理会让我们失去成长的机会和空间。

第七十八节

你的态度很重要

生活中,有很多东西是"无形"的。它们往往容易被人忽视,却非常重要,比如你的态度。

举个例子,一个劫匪抢劫完,打算从地下室逃跑,刚好有个人在地下室停完车,被他撞了一下。这个人如果很生气地吼"你没长眼啊!",那他很可能就被劫匪一枪毙命了。但是如果这个人笑着跟劫匪说"对不起!对不起!",那么劫匪可能会觉得多一事不如少一事,放过这个人。所以,有时候,态度决定命运。

从人际关系的角度来看,无论一个人多么有学识,多么有财富,多么有才华,只要他态度不好,一切都没有意义。因为,没有人喜欢跟态度不好的人打交道。

人与人相处，关键在于"感觉"，而感觉的关键在于态度。

人是有感情、有温度的，这种感情和温度就会体现在待人接物的态度上。

"态度"虽然看起来并不实在，却比很多实在的物质更有价值。有时候，好的态度就像一张通行证，帮你节省了门票钱。

第七十九节
通过生活中的点点滴滴教育自己

有个小孩子，看到家里买了个鱼缸，很多小鱼在里面游来游去，就觉得很有趣。第二天他去幼儿园，发现午餐里有一道菜是炖小鱼。他推开那道菜不肯吃，老师问他为什么不吃，还给他讲道理说小鱼很有营养，吃了对身体好。但这个小孩子说："这些鱼不是应该在水里游吗？为什么会跑到我的碗里面来？"

我们从小就在接受教育，那么什么是教育呢？生活本身就是一场教育。生活中的点点滴滴都可以给我们带来提点，让我们受到教育。

例子中的小孩子通过鱼缸的鱼受到了教育，所以不肯吃小鱼，这是一个幼儿园小朋友的感受。我们也看到过鱼缸，但是我们会有不一样的感受。

那么通过这个例子，我们能不能受到一些教育？

记得在二十年前，在我家门口有两辆车追尾了。前面那辆车里走出来四个妇人，阵势很大，我看得有点儿担忧。后面那辆车子的门缓缓打开，一位孕妇走了出来。那四个妇人没有讲车子撞得怎么样，而是给了这个孕妇一个拥抱，对她说："不要怕，没事！你不要紧吧，不要紧张，没事。"这一幕被我一直记在心里。它在我心里埋下了一粒种子。

后来，一天晚上，我的车被人追尾了。我下车去看，发现后面那辆车的司机是个少妇，车上还坐着两个小孩子。那个少妇很紧张地看着我。可是我已被之前的经历教育了，所以我没有生气，而是询问："孩子有没有受伤？你有没有事？"然后，我对她说："没事，我请保险公司处理就好。"

我这种反应便是受到前面事件教育的结果。

其实，生活中有好多的点滴，都是可以用来教育自己的。可是我们常常只是简单地"经历"，却没有从中获益。

第八十节

得饶人处且饶人

常言道，得饶人处且饶人。

别人做了错事，可能是因为他懂的道理少，或者不够有智慧。觉察了这一点之后，我们就应该做到"且慢出口，且慢出手"——不要直接就去指责他，说他的不是，留点儿空间让他慢慢去悟，让他可以改进、提升。我们可以等事情过去了，再找机会跟他分享我们看见的。

有时候，我们自己也不是那么完美的，也有心智不足的时候，也会犯错误。这个时候，我们就需要别人的理解和宽恕。

对别人留情面，其实也是在给自己留余地。

得饶人处且饶人，这是做人应有的态度。

第八十一节

生命的陪伴

当一个人受到挫折、遭遇困境、感到难过的时候，你跟他讲再多的道理都是没有用的，因为他根本听不进去。最好的做法就是给他一个拥抱，握着他的手，陪在他身边，这就够了。

我们应当善用"生命的陪伴"，这是给予他人能量的重要途径。但是很多人往往并不懂得怎样陪伴才是正确的。

在别人难过的时候，如果你一直说个不停，他不但不会感觉到温暖和力量，而且还会更加烦躁。真正的陪伴是让对方感受到生命的温度和厚度，不需要费尽心思去想一些开导别人的话语或道理，道理所能承载的东西很浅薄，远不及生命的厚度。所以，此时无声胜有声。

生命需要陪伴，有时候一个动作胜过千言万语。

第八十二节

你是在用情绪表达，还是在表达你的情绪？

我们平常很少静下心来阅读自己、倾听自己。

我们在讲话的时候，应该很清楚自己在说什么，很清楚自己要表达的是什么情绪。然而，事实往往并非如此。

如果你注意去观察，就会发现，大部分人在尝试表达自己的情绪时，往往只是在带着情绪表达。这也就使得听的人只能感受到他的情绪，却不晓得他的意图。

当一个人表达他的情绪时，我们往往只能感受到他的情绪——或气愤，或悲伤，或焦虑……听他讲了半天，我们只能感受到他的情绪而已，却听不明白他所讲的内容，也无法理解他的感受。

人们很容易被情绪带着走，落入情绪之中，没办法走出来，所以常常是在用情绪表达，而不是表达自己的情绪。

这样的例子在夫妻吵架时很常见。双方都在讲个不停，都只能看到对方因愤怒而变得狰狞的面目，却听不明白对方要表的的是什么。

这种情况也常常发生在父母训斥孩子的时候。父母带着怒气，跟孩子讲了半天道理，结果就是孩子被父母爆发的情绪吓得不行，完全听不进去他们所说的话。

我们是这样的伴侣或这样的父母吗？或许应该问问自己，倾听自己。一旦发现自己在用情绪表达，就赶紧停下来。

我们应该试着去看见、觉察自己的情绪，这样就比较容易出离情绪，不被情绪绑架。

我们需要提升自己的觉察力，知道自己此刻在想什么，然后再开口讲话，就不会口不择言。在讲话的时候，仍需要觉察自己在讲什么。如果讲得有些偏激了，就要及时止住。

第八十三节
承认自己有问题

有时候，人们之所以不愿做出改变，就是因为有这样一种认知：我没有问题。

当你不认为自己有问题时，无论遭遇什么，都会理所当然地归咎于外在。比如，考试考砸了，不是因为自己没有好好学习，而是因为老师的题目出得太难了。

很多人之所以处于一种停滞不前的生命状态，源于两种惯性思维：一是怪罪他人，总认为别人有问题，别人做错了；二是合理化自己，认为自己的言语、行为、态度都是正确的。

这样的思维会让人一直错下去，不思改变，失去上升的空间。

你是不是认为自己一直活得很合理，认为问题总是出在别人身上？

你不妨这样想：当海水流过你的伤口时，会让你感到疼痛。它其实是在告诉你，你身上有伤口。与你互动的人，就像海水——如果你没有伤口，被海水碰到也不会觉得痛；如果你的内心强大，充满正能量，对方无论做什么，都不会影响到你；如果对方令你感到难受，甚至气愤，则意味着你的内心可能有"伤口"。

所以，在感受到"疼痛"时，你要做的不是把责任推给别人，而是提升自己的觉察力，承认自己的问题。

第八十四节

有形的背后，有个无形的存在

我们所能看到的外在的东西都是有形的，但是在这个"有形"背后，其实还有个"无形"。

我们所说的每一句话背后都有想法和认知作为支撑。我们可以把说出来的话称为"有形"，而背后不为他人所知的想法则是"无形"。

你通过语言或动作表露的情绪——喜悦、气愤、悲伤，等等，都是有形的呈现；而情绪源于你的态度、认知，是无形的。

所以我们说"有形的背后，有个无形的存在"。

再以杯子为例，它不是天然存在的，也不是凭空产生的，它的产生源于人类的智慧，还有人类的需求，所以，无形现于有形。

　　我们在看到现象时，还要知道其背后的根本，要能够发现有形背后那个无形的存在。

　　这样我们就可以做到明理通达了。

第八十五节

没有看到前因，就无法了解为什么有这样的结果

我说过，做人要有一颗公平的心。但是有些时候，我对待不同的人，会有不同的态度。比如说我可能会主动跟一个朋友聊天，请他喝咖啡，但是对另一个朋友可能只是见面点个头，不说话。

看到这个情况的人可能会觉得我待人不公平，但事实并非完全如此。我之所以会区别对待两个朋友，是因为上个星期第一个朋友请我吃了一顿饭，我们聊得很开心，而另一个朋友跟我吵了一架，现在还没有和解。

很多事情的发生都有前因，所以单纯看结果是不全面的。

有些时候，不知道前因，你就无法了解结果。

比如，一个家庭里有四个孩子，父母对每个孩子的态度都不一样，最小的孩子并不像兄长那样尊重父母，但是父母最偏爱他。与此相似的情况在很多家庭中都存在。很多人可能不理解为什么会这样，但这一定是有原因的。那个原因可能只是一件微不足道的小事，可能只是一个偶然的契机。

很多现象都没办法用道理来评判。所以，我们需要看到前因。

第八十六节

体谅，标志着相对成熟的生命状态

"与人相处"是一门学问，给我们锻炼自己、提升生命状态的机会。而与人相处的关键就在于"体谅"二字。

我们能不能体谅别人的不同，体谅别人生长的环境、过程与我们是不一样的？这份体谅，让我们能够长久地陪伴对方，与他一起成长。

懂得体谅他人的人，心智往往比较成熟。

"无论你怎样，我都愿意陪你成长，陪你经历不同，让你可以安心"，这是一种体贴的心态，是一个人具有相对成熟的生命状态的标志。

但是大多数人往往只是为自己而活，很少考虑到自己身边的人，很难体谅他们。

第八十七节

你能不能学会静静倾听？

人们为什么喜欢养宠物？一个主要原因就是宠物不会顶嘴。无论在你生气时，还是在你忧郁时，它都会陪在你身边，不会唠叨，不会说一些你不想听的话。即使你在外边受了气，回到家冲它发火，拿它撒气，它还是会陪在你身边，不会抱怨。即便它叫几声表达自己的情绪，我们也听不懂，也不会觉得它烦。

"不顶嘴"是一种很招人喜欢的特质。人们都喜欢那种能安安静静地守候在身边的伙伴。

"顶嘴"实际上是人与人之间的一种思想碰撞。人们通过语言进行思想交流，因此碰撞也是在所难免的。

但有些人会在别人表达想法时候静静地倾听，不发表意见。直到别人说完话，需要征询他的意见时，他才会适当地说上两句，这种人往往很受欢迎。

每个人都希望在自己讲话时别人能够静静地倾听，但自己往往不是一个好的听众，喜欢打断别人的话，容易讲一些冲突性的话语。

"静静倾听"也是一个生命课题。

下一次，在与别人交流的时候，你能不能让自己多花些时间去倾听，再适时地给出得体的回应，从而开启一种良性的互动模式？

第八十八节

苦，是因为抓着某个想法不放

抓着某个想法不放就是固执。人如果固执，那么思维就会在某一点卡住，情绪会在某一点堵住。因此，我有时候会把人类的固执比作中风。

固执，可以说是一种无形的病。

很多人可能都有过类似的体验：当我们对某个人、某件事持有某种想法时，我们干什么事情都无法绕开这个想法，总会停驻在这个想法上，徒增烦恼、苦闷。

比如说，一个人如果每天心里都牵挂着下一顿饭该吃什么，那么他吃早餐的时候就不快乐，开始烦恼中午该吃什么，他吃午餐的时候又开始烦恼晚餐吃什么。他活得很累，很辛苦。而很多人不会去考虑每天该吃什么、该怎样吃，也不会为此而感到烦恼。

所以，苦在告诉我们什么？苦在告诉我们，对某个想法太过执着了，过于固执了。

如果抓着某个想法不放手，我们就会活得很辛苦。而这些苦原本是不存在的，是我们自己想出来的。

第八十九节

眼睛所看到的现象只是一个境

假设你来到一片海滩，那么你眼前的景象是什么呢？

你能看到大海，还能看到穿着泳装的俊男、美女在沙滩上嬉戏，然后还有几棵树，一些被人们随手乱丢的垃圾。

你所看到的是一幅画面——一切都是现象，都只是一个境。如果不对这种境加以解读，那么你就是你，境就是境。

当你开始去解读眼前的画面时，情况就变了：你看到沙滩上的某个美女或帅哥很亮眼，内心雀跃，开始思考怎么才能跟对方搭话；你看到那几棵树歪歪斜斜的，觉得它们有些煞风景；你看到那些垃圾，心中不免有些气愤，觉得污染环境的人缺少公德……

于是，境有了好坏对错之分，而你也产生了喜怒哀乐等情绪。在你解读之前，心原本是清静的。

所以，很多烦恼其实都来自想法和解读。扰乱内心的不是境本身，而是你对境的解读。

如果你只让自己看到那种境，只停留在现象层面，不去解读，就能保持那份清静了。

第九十节

道理藏在故事里

有个小孩子在吃巧克力，这时，碰巧路过的中年男子走过去对他说："小朋友，吃那么多巧克力不好啊！"

这个小孩子说："我奶奶今年一百零三岁了。"

男子问："你奶奶是因为每天都吃很多巧克力，所以活到一百零三岁了吗？"

小孩子说："不是，我奶奶从来不管别人的闲事，所以她活得很久。"

中年男子听完就尴尬地走了。

故事里的小孩子给男子讲了一个特例，他奶奶特别长寿，从而引起了这个男子的好奇心，其实是为了告诉他不要管闲事。这个例子很奏效，如果小男孩直接跟这个男子讲"不要多管闲事",这个男子也许更要管。

而我们看完这个故事,除了哈哈一笑,也会拿它来提醒自己"不要多管闲事"。

人向来喜欢特例,喜欢寻求新鲜感,却对真理、道理不感兴趣,一听到别人讲道理就两眼无神,昏昏欲睡。

了解了人性,我们就知道要把道理藏在故事里,藏在笑话里。庄子就很爱讲故事,寓理于事,就比较容易让别人接受道理。

第九十一节

想改变命运，必须回到根本上来

很多人都想改变自己的命运。具体地说，大部分人都想让自己拥有更好的生命状态，让自己的生活水平更高，想改善自己与他人之间的关系，想让自己的生命更完满。

如果想要改变，我们就必须回到根本上来。而"根本"就是我们自己。我们要从自己身上找到改变命运的方法。

一些社会心理学家通过研究证明，人的性格决定命运。想改变命运，先要改变自己的性格。

性格是每个人内在的比较稳定的、具有核心意义的心理特征，主要表现在人对现实的态度和行为方式中。

我们内在的一些认知、态度、价值观，对应到外在的人、物，事之后，会有一套基本固定的解读、评价、反应模式。

如果我们内在的认知不变，那么反应模式就不会改变，事情的结果就是可以预测的，生活就是在重复固定的一些模式。我们会沿着命运的既定轨道一直走下去。

如果把命运当作结果，那么它的前因是什么呢？那就是我们的反应模式。

如果把反应模式当作结果，那么它的前因是什么呢？就是内在的认知。

如果把认知当作结果，那么它的前因就是性格。

如果把性格当作结果，那么它的前因又是什么呢？

···········

我们可以顺着这个逻辑，一直想下去，找到前因，找到"根本"。去修正它，才能改变结果。

第九十二节

与人相处，要掌握多种"语言"

人是社会性动物，总要与别人打交道。想要与人和睦相处，就要掌握多种语言。

这里所说的语言的范畴很宽，包含了表达自己、与人沟通时需要用到的一切内容。

除了嘴上说的话，身体动作、面部表情、声音、姿态等也是一种语言。从更广义的角度来看，智慧也是语言，态度也是语言，情绪也是语言……

维度是多元的，"语言"也是多元的。不同的"语言"叠加起来，就构成了一个有机的系统。

与我们打交道的人是复杂而多元的，所以我们应对的

"语言"也应该是多元的。我们掌握的"语言"越多、对"语言"掌握的程度越好，我们在与人相处时就越轻松、越自如。

第九十三节
不同的境会带给人不同的启发

　　人所处的情境、环境，以及身边发生的一切——无论是好的，还是坏的——都是境。每一种境都能够给人带来启发，不同的境会带给人不同的启发。

　　优渥的生活是一种境，贫瘠的生活也是一种境；

　　遇到问题是一种境，顺利也是一种境；

　　大病一场是一种境，久病初愈也是一种境；

　　事业有成是一种境，创业失败也是一种境；

　　热闹是一种境，孤独也是一种境；

　　…………

　　只要我们去觉察，就会发现，每一种境都能给我们带来启发。不同的境能够让我们从不同的维度去思考，能够带来不同的启发。

　　境一直都在，关键在于我们有没有接受启发的能力，能不能去觉察。

第九十四节

不计较，不对抗，代表你成长了

有这样一个笑话：古时候，两个人为一道算术题吵了起来，一个说"三八二十一"，另一个说"三八二十四"，谁都不肯罢休。他们为这个事去衙门找县令理论，让县令评个对错。县令听了两人的陈述，沉思片刻，让人把那个说"三八二十四"的人打了一顿。受罚的人很不甘心，觉得县令是个糊涂官。县令对他说："那个人都能说出三八二十一这种话，分明就是个蠢人。你居然为了一件微不足道的事儿和一个蠢人争对错，而且还闹到官府来了。你说不打你打谁？"这个人听完，恍然大悟。

跟什么样的人计较，就代表你跟这个人的思想层次差不多。如果有一天，你的水平提升了，你成长了，当你再看到那个人的时候，只会觉得他可笑，同情他，而不会再跟他计较。

打个比方，两个乞丐争地盘，如果一夜之间，其中一个乞丐获得了万贯家财，试问他还会跟另一个乞丐争地盘吗？答案是不会，因为他的地位提升了，没必要和一个比自己低很多的人计较，为了一些微不足道的人而浪费时间。

"不计较""不对抗"是成长的表现。但是在生活中，很多人并没有这样的智慧。

我们经常听说青春期的孩子很不懂事，总是跟家长作对，惹家长生气。但是反过来想一想，家长经历得多，见识广，知道的道理多，却还在跟孩子较劲，是不是心智水平也没有比孩子高很多呢？

当你和别人对抗、计较时，你也许并没有意识到，你抗拒的、你看不惯的，其实正是跟你水平差不多的那些人。想要改变这种不愉快的状态，就要提升自己的水平，让自己成长。

第九十五节
知识必须付诸实践，才能转化为力量

大部分人获得知识后，都只是停留在"知道"这个阶段。然而，学习知识的真正意义在于将其转化为能量。

现在，很多所谓的专家只是纯粹的学问家，只有理论。他们可能读了很多书，存储了很多知识，就像一个巨大的数据库。但是，如果不借助外力，数据是不会产生作用的。如果没有人去应用，知识不会转化为力量。

中国古代哲学家提出了"知行合一"，即不仅要有认识（知），而且要重视实践（行），要把"知"和"行"统一起来。

知识蕴含着力量，但是这些力量只有通过实践转化才能显现出来。因此，转化的关键在于"行"。

比如说研究物理化学的人，要把自己掌握的科学知识、复杂的公式放到实验中操作、验证、修正，直到得到技术成果。这样，之前积累的理论才实现了价值转化，才真正发挥了力量。

所以，"知识就是力量"这句话不完整。应该说，知识必须付诸实践才能转化为力量。

第九十六节

你的灵魂渴望什么

　　我们每天都在追求物质、金钱，追求更优越的生活，却忽略了自己的灵魂真正渴望什么。

　　在心灵深处，你渴望的是豪华跑车吗？是洋房别墅吗？你的内在所需要的真的是外在的那些东西吗？

　　你的心灵深处渴望什么？你的生命到底需要什么？你是否想要真正地活出生命的本质？

　　如果你是一个在沙漠中迷失方向的人，对你来说，水和钞票哪个更重要？

　　如果你的生命是一颗种子，那么你会选择泥土还是钞票？很明显，种子需要泥土提供生命的滋养，而钞票给不了它生命。

追求物质是因为你被占有欲控制了心智。随着境界的提升、视野的拓宽，你的心智会越发成熟，你自然就会放下对物质的渴望，去追求生命的本质。

结语

读完这本书，我希望你们能送我四份礼物。

第一份礼物：让自己的生命状态变得更好。如果你做到的话，这就是送我的第一份礼物。

第二份礼物：当你的生命状态变得更好的时候，你要成为家人、朋友、社会、国家的好环境。只要有你的地方，你就是别人的好环境。因为你的存在，人们也会感觉自己的生命状态变得更好。如果你能做到的话，这就是送我的第二份礼物。

第三份礼物：当你有一天有了愿景、使命，找到了自己活着的意义时，要去帮助所有跟你有缘的朋友。如果你做到了这一点，这就是送我的第三份礼物。

第四份礼物就是：让我们在终点相遇！